VOLTA POR $IMA

O homem que fez do CANCELAMENTO a oportunidade de virar o jogo

DISRUPTalks, 2025 – Todos os direitos reservados.

© Nego Di

Editora Executiva: **Caroline Dias de Freitas**
Revisão: **Larissa Franco**
Diretor de Arte: **César Oliveira**

1ª Edição – Março/2025

DADOS INTERNACIONAIS DE CATALOGAÇÃO NA PUBLICAÇÃO (CIP)
CÂMARA BRASILEIRA DO LIVRO, SP, BRASIL

Di; Nego.
Volta por cima: o homem que fez do cancelamento a oportunidade de virar o jogo / Nego Di. -- 1. ed. -- São Paulo: Editora Reflexão, 2025.

ISBN: 978-65-5619-197-3
88 páginas.

1. Biografia 2. Cancelamento 3. Nego Di I. Título.

25-000000   CDD: 920.72

Índices para catálogo sistemático:
1. Biografia 2. Cancelamento 3. Nego Di

DISRUPTALKS

DISRUPTalks
Rua Almirante Brasil, 685 - CJ 102 - Mooca - São Paulo - SP - 03162-010
Fone: (11) 9.7651.4243
disruptalks@gmail.com – www.disruptalks.com.br

Todos os direitos reservados. Nenhuma parte desta obra pode ser reproduzida ou transmitida por quaisquer meios (eletrônico ou mecânico, incluindo fotocópia e gravação) ou arquivada em qualquer sistema ou banco de dados sem permissão escrita da Editora Reflexão.

DISRUP
TALKS

NEGO DI

VOLTA POR $IMA

O homem que fez do CANCELAMENTO a oportunidade de virar o jogo

Sumário

- INTRODUÇÃO 7
- 1 | EU PRECISO DAR CERTO 9
- 2 | ALÔ, NEGA EDNA! UM STAND-UP NÃO DECLARADO 17
- 3 | DE CANCELADO A FAMOSO. 33
- 4 | ESTOURANDO A BOLHA: DE PORTO ALEGRE PARA O BRASIL 45
- 5 | DE 98 LIMÕES A UMA LIMONADA 100% 55
- 6 | A VOLTA POR CIMA 71
- 7 | O RENASCIMENTO 79
- NOTA DO AUTOR 88

INTRODUÇÃO

CHEGA A SER CURIOSO PENSAR QUE A CULTURA DO CANCELAMENTO PODE ENSINAR ALGO A MAIS DO QUE APENAS O "DESCURTIR" OU DEIXAR DE SEGUIR ALGUÉM.

Aos 27 anos de idade e em um dos momentos de maior ascensão na minha carreira de empresário e humorista, conquistei o temível posto de "Rei do Cancelamento", com 98,76% de rejeição por voto popular no maior reality show televisivo do Brasil. Mas, na realidade, nessa vida de cancelamento, já fiz escola há muito tempo. Costumo dizer que pessoas que vieram de lugares como os de onde eu vim já nascem canceladas, então, ao longo da vida, vão tentando se descancelar, e essa é a história que vou compartilhar neste livro.

Desde muito cedo, aprendi a lidar com a falta. A falta de um pai, a falta de recursos, a falta de comida no prato. Mas nada disso me impediu de conquistar muito mais do que sonhei. A minha carreira como artista e empresário começou há menos de uma década, mas a estrada que venho percorrendo teve início muito antes disso. Não havia muito tempo a esperar. O cancelamento já estava presente assim que me dei conta de que éramos apenas eu e minha mãe. Sem dinheiro, sem endereço fixo, mas felizmente com uma determinação para lutar e vencer que nunca me abandonou.

Ao escrever este livro, o meu objetivo é não apenas contar a versão dos fatos mais recentes que o Brasil passou a conhecer após a minha participação no maior reality show do país, mas, principalmente, mostrar para todas as pessoas, em especial aquelas que acreditam que não há saída ou outros caminhos diante dos muitos cancelamentos que sofrem na vida, que é possível mudar essa situação, pois todo mundo que quiser muito algo, uma hora vai conseguir, porque vai correr atrás, mesmo sem saber as respostas, e é assim que as coisas acontecem.

Nesta história, você finalmente conhecerá a origem da Nega Edna, da Nega Dedé, do Nego Buiú e, claro, do Nego Di, mas, antes de todos esses, você conhecerá o Dilson Neto, filho da dona Fátima, pai do Tyler. Nas próximas páginas, contarei como saí dos subúrbios de Porto Alegre para conquistar o meu espaço e como consegui vencer, mesmo quando cruzei o caminho da eliminação por várias vezes, pois, como você verá, participar do reality foi apenas o começo. E, se eu consegui, mesmo contra todas as expectativas, qualquer pessoa que também acreditar que é possível pode ser sempre vitoriosa.

CAPÍTULO 1

EU PRECISO DAR CERTO

"*Eu preciso dar certo para ajudar minha mãe*" era um dos pensamentos que eu tinha quando criança, e que mais me lembro até hoje, e provavelmente é um dos principais motivos que me fizeram chegar aonde estou.

Minha mãe me teve aos 37 anos, o que, na época, 1994, era considerado uma idade avançada para se ter filho, ainda mais sendo mulher solteira. Apesar de eu ser filho único, foi bem difícil para ela, que era auxiliar de enfermagem e, de repente, se viu desempregada, pois a profissão estava exigindo uma atualização para técnico de enfermagem – com a qual ela não podia arcar.

Não conheci meus avós por parte de mãe nem por parte de pai. Pouco tempo depois que minha mãe engravidou de mim, seu pai morreu, e ele era a pessoa mais próxima dela. Então, ela se viu grávida e desestruturada. Quanto ao meu pai, eu o conheço, mas não tenho contato, pois nunca foi presente em minha vida. Ele parou de dar pensão depois de certa idade – e também só passou a pagar um tempo depois que nasci. Sei que ele era taxista, tinha outros filhos de outros relacionamentos e nunca conviveu comigo. Tanto que a primeira recordação que tenho dele foi quando eu tinha uns cinco anos de idade. Quando ele aparecia, era sempre muito rápido.

Então, éramos só nós dois: minha mãe e eu. Tínhamos alguns familiares distantes, mas naquele momento, não tínhamos contato algum. De auxiliar de enfermagem, ela passou a exercer a função de empregada doméstica, que era um trabalho no qual ela poderia me levar, já que ela não tinha com quem me deixar. Pouco tempo depois, conseguiu um trabalho em um restaurante, que mais adiante seria também um dos meus primeiros empregos.

Fui crescendo e vendo todas aquelas dificuldades pelas quais minha mãe passava para me criar. Às vezes, queria comer alguma coisa, mas não tinha. Era uma série de necessidades que só fazia aumentar o meu desejo de que minha infância passasse logo.

Minha mãe era mãe e pai, por isso sempre fui muito parceiro dela. Como queria evitar frustrações para ela, eu nem pedia nada. Mas houve vezes em que a fome apertou, e alguns momentos ficaram marcados na minha memória.

A FALTA DE COMIDA NO PRATO É UM DOS MAIORES CANCELAMENTOS QUE UMA PESSOA PODE SOFRER, POIS A FOME NÃO ESPERA.

Certa vez, depois de ter chegado da escola, próximo ao meio-dia, eu estava com muita fome. Fui direto até minha mãe, que estava no fogão cozinhando, e só tinha arroz naquele dia. Quando olhei para ela, vi que estava chorando enquanto tirava umas coisas pretas do meio do arroz, então perguntei: "O que que houve?". Ela apenas disse que não era nada, mas, quando olhei aquele arroz e perguntei o que era aquilo, ela olhou para mim e disse: "São temperos, filho". Eu vi que não era tempero, mas fingi que acreditei, para que ela parasse de chorar e ficasse bem. E então comi.

Era o que tinha na época, e quando tinha, porque chegou a ter momentos em que foi zero comida mesmo. Nesse dia em que a gente chegou a não ter comida, eu estava o dia todo em casa e comecei a ficar com muita fome. Quando deu umas seis horas da tarde, já não estava aguentando mais, doíam a cabeça e o estômago, então falei: "Não queria estar perguntando, mas... bah, mãe, o que a gente vai comer? Não vai ter nada para comer hoje?". Só lembro que ela me respondeu, com os olhos já cheios de lágrimas: "Hoje tu vais ter que dormir mais cedo, para dar uma enganada no estômago". Foi uma situação sobre a qual hoje não tenho nem o que falar, foi muito ruim. Tentei dormir.

Além da fome, ainda havia a vontade de comer. Sempre gostei de lanche, hambúrguer, cachorro-quente, e gosto até hoje. Mas o aperto era tanto que, quando a gente passava na frente de uma lanchonete, eu falava: "Bah, mãe! Vamos comer ali um dia?", e ela então respondia: "Tá, quando eu receber, se sobrar, a gente vai". A gente vivia uma situação em que, para comprar um cachorro-quente, era preciso esperar receber – e ainda sobrar dinheiro depois de pagar as contas. É um negócio que o cara nem consegue imaginar hoje em dia, pois nunca pensei que fosse viver essa realidade de hoje perto do que vivi no passado.

Quando as pessoas me perguntam qual foi o fato que mais me impactou na transição de mudar de vida, digo na hora: "Cara, é eu poder comer o que quiser e quando quiser". Quem escuta isso até estranha, pensando "mas é apenas comida", diante de tantas outras coisas que conquistei, mas não entendem que eu não queria comer muito, só queria poder comer e não ter que esperar receber, pagar primeiro as contas, para então ver se poderia comer o que eu realmente tinha vontade. Isso é muito estranho.

A falta de comida no prato é um dos maiores cancelamentos que uma pessoa pode sofrer, pois a fome não espera; ela chega, te atropela e te derruba. Essa foi uma lição que aprendi desde muito cedo, então só pensava que eu precisava começar a trabalhar a fim de ajudar a minha mãe em casa, mesmo que ela não quisesse que eu trabalhasse, para que pudesse me dedicar a estudar.

✱✱✱

Como as condições financeiras foram sempre mínimas durante a minha infância, tivemos que nos mudar muito. Fomos despejados um monte de vezes, porque o aluguel quase sempre estava atrasado. Já aconteceu de chegarmos em outra casa sem fogão ou geladeira, porque tínhamos deixado para trás como forma de pagamento.

Nessas muitas mudanças durante a minha infância, houve um momento que também me marcou. Eu tinha uns oito anos de idade, havíamos acabado de chegar em uma vila nova, tudo o que a gente tinha estava na rua e a casa estava trancada com correntes. Enquanto a minha mãe saiu para tentar resolver aquela situação, acabamos sendo saqueados. Fiquei assustado vendo estranhos levarem nossos eletrodomésticos, móveis, quase tudo, e então comecei a gritar pela minha mãe, que voltou correndo para tentar salvar alguma coisa.

QUANDO AS PESSOAS ME PERGUNTAM QUAL FOI O FATO QUE MAIS ME IMPACTOU NA TRANSIÇÃO DE MUDAR DE VIDA, DIGO NA HORA: "CARA, É EU PODER COMER O QUE QUISER E QUANDO QUISER".

Apesar do que aconteceu, alguma coisa dentro de mim não me fez ficar com raiva. Em vez disso, pensei que, se aquelas pessoas tinham feito aquilo, é porque provavelmente deviam estar em uma situação ainda pior do que a nossa.

Morei em vários cortiços, em vários lugares diferentes da periferia de Porto Alegre, e por conta disso também mudava frequentemente de escola. Em uma delas, eu era o único garoto negro da escola, vindo da periferia para estudar em um colégio mais elitizado naquela época. No começo, era sempre complicado, pois, quando a gente está na escola, tem necessidade de se enturmar e se autoafirmar, mas, pela minha origem e condições, eu não me inseria em nenhum dos grupos que eram formados, nem chamava a atenção das meninas, que se interessavam pelos outros garotos. Diferentemente de hoje, em que há as curtidas nas redes sociais, naquela época o adolescente era medido por roupas e tênis de marca.

POR ALGUMA RAZÃO, NÃO FIQUEI COM RAIVA POR TEREM LEVADO AS NOSSAS COISAS. SÓ PUDE PENSAR QUE, SE TINHAM FEITO AQUILO, É PORQUE DEVIAM ESTAR PRECISANDO MUITO MAIS DO QUE A GENTE.

Era mais um cancelamento, a vida escolar. Além das dificuldades que eu enfrentava, durante essa fase eu já trabalhava à noite, das dez até as duas da manhã, limpando o restaurante onde minha mãe trabalhava. Por isso, chegava muitas vezes atrasado na manhã seguinte e perdia o primeiro ou segundo período das aulas. Mesmo assim, ainda terminava a lição antes de todos e tirava boas notas.

Não foi nada fácil, e, mesmo pensando algumas vezes em coisas erradas em momentos de desespero, nunca escorreguei. Tinha noção e sabia o que era certo e o que era errado. Vi muitos amigos cujas mães passavam a vida toda proibindo-os, que os trancavam dentro de casa. Muitos até cujas mães os proibiam de andar comigo. Eram aquelas que falavam: "Não, não! Não te quero andando com aquele guri!". Aí, quando o cara teve uma primeira liberdade, saiu pra rua, fez uma cagada, se envolveu com droga e foi preso. É que nem cachorro, sabe? Quando você mantém um cachorro sempre trancado e então, um dia, abre a porta, ele escapa e é atropelado em seguida. Mas os vira-latas que vivem na rua estão sempre bem, são alimentados, não sei como, mas ficam bem. Eu me comparo a um vira-lata porque, assim, eu estava sempre bem.

NÃO FOI NADA FÁCIL, E, MESMO PENSANDO ALGUMAS VEZES EM COISAS ERRADAS EM MOMENTOS DE DESESPERO, NUNCA ESCORREGUEI. TINHA NOÇÃO E SABIA O QUE ERA CERTO E O QUE ERA ERRADO.

A relação de confiança que a minha mãe sempre teve comigo foi algo que jogou a favor dela como mãe e a meu favor na minha formação como homem responsável. Ela sempre me ensinou a ter consciência das coisas que eu estava fazendo, com quem eu estava andando, onde estava indo, e isso foi fundamental para me fazer sempre pensar duas vezes em qualquer atitude, já que não queria causar desgosto para ela, e não queria ser ingrato, pois via todo o esforço que ela fazia para me criar. Na época em que moramos em Alvorada, até então uma cidade bem humilde e ao mesmo tempo perigosa, eu passava muito tempo na rua. Ia para a escola antes de começar a trabalhar, e minha mãe nunca foi de não me deixar fazer nada. Ela nunca me proibiu de brincar na rua, ir até longe de casa andar de bicicleta, jogar bola, ir à casa dos outros. Eu perambulava. Foi assim que aprendi a fazer novas amizades, me enturmar, arrumar bicos, como entregar galões de água – apesar de já trabalhar na limpeza do restaurante no turno da noite – e descobrir a paixão pela música ao escutar o som do berimbau pela primeira vez e correr atrás desse novo interesse. Tudo isso me ajudou no processo de descancelamento em cada parte da minha vida que estava apenas começando.

NÃO É POSSÍVEL QUE EU VIM A ESTE MUNDO PARA NÃO DAR CERTO.

Já me perguntaram como consegui dar certo na vida, e a resposta é que sempre tive esse propósito. Sempre pensei que não era possível que eu tivesse vindo a este mundo para não dar certo. Pensava demais quando era novo, me pegava várias vezes sozinho no quarto com as minhas ideias; eu falava muito com Deus, encarando o teto: "Pô, Deus, será que eu nasci pra isso? A minha vida vai ser só isso? Ficar passando dificuldade, aperto e fome? Aí a gente se muda, acha que vai dar certo, mas daí vêm contas, vêm dívidas, a gente não consegue pagar, e então é despejado, perde móveis e acontece tudo de novo, o ciclo se reinicia. Será que eu vim ao mundo só pra isso? Não é possível!".

Eu pedia muito para Ele. Falava com Deus como se fosse uma pessoa, e dizia: "Cara, me ajuda! Me dá uma resposta, por favor!". Só que, ao mesmo tempo que eu pensava "Cara, não é possível, eu tenho que vencer", também refletia: "Mas como é que vai ser?". Porque eu não tinha condições de estudar, fazer faculdade; tinha que trabalhar demais. "Ele está vendo", era só o que eu pensava.

Pensei, desejei muito as coisas e metia a cara no que aparecia de oportunidade para conquistar aquilo que eu queria. Afinal, como disse no começo deste livro, pessoas que vêm de onde eu vim já nascem canceladas, então o jeito é ir se descancelando ao longo da vida. Quem já me conhece das redes sociais sabe que comento e faço piada de quase tudo, mas aqui vou além. Quero mostrar como você, que está lendo este livro agora, pode se descancelar também, se for o seu caso. Afinal, quem nunca se sentiu rejeitado ou excluído? Nunca passou por algum perrengue ou se sentiu sem saída em alguma situação?

Como você pôde ver, em meu começo na quebrada teve de tudo um pouco. Ou melhor, não teve! Mas ainda assim, não desisti. Segui acreditando e espero que você possa se inspirar para fazer o mesmo.

Então, grave o mais importante que vou compartilhar aqui antes de seguir na história:

PENSE.

> Está com alguma ideia na cabeça, uma intuição para fazer algo na vida? Então se ligue nisso e siga firme no propósito de fazer acontecer, ainda que ninguém acredite. A questão mais importante é você mesmo acreditar, e isso já basta para que os resultados comecem a surgir.

ACREDITE.

> Para abraçar a ideia, é preciso confiar que vai dar certo. Isso é acreditar. Mesmo que você se quebre inteiro tentando, continue levantando e seguindo na caminhada, porque acreditar sempre é o que vai te lançar para mais perto do alvo que você quer acertar.

FAÇA.

> Aqui é o famoso "dê seus pulos", ou, como costumo dizer aqui: "Te mexe!". Se você ficar só nos dois primeiros pontos, vai deixar passar oportunidades, porque elas aparecem, mas pegar e fazer algo depende dos seus braços e das suas pernas! Depende de botar a cabeça para raciocinar ideias e partir para a ação, mesmo com medo do "não sei" ou do "será que vai dar certo?".
>
> E antes que eu esqueça: VOCÊ NÃO É UMA PLANTA!

CAPÍTULO 2

ALÔ, NEGA EDNA! UM STAND-UP NÃO DECLARADO

Quando entrei no mercado de trabalho, aos dezenove anos, eu conseguia empregos de acordo com a minha formação, e naquela época, ter só o ensino médio já era o mesmo que ter garantia de nada. Os primeiros trabalhos foram então "subempregos". E quando acreditava então que as coisas estavam começando a dar certo, clareando e começando a andar, algo dava errado. Vinha aquela sensação de "poxa, estou dando dois passos para frente e três para trás!". Tudo só dava errado. Então, quando acontecia alguma coisa legal, eu até já ficava esperando algo dar errado.

Eu fazia as coisas certas, mas não conseguia sair do lugar. Cara, parece que quem faz as coisas certas só se ferra, se dá mal, e pior que eu via os caras que faziam coisas erradas andando de carrão, com mulher do lado, e nunca ficavam sem dinheiro. Mas, ao mesmo tempo, via muito o que a minha mãe tinha passado para me criar. Ela nunca foi uma mãe ruim para mim; assim, em consideração por tudo o que ela passou, eu pensava que seria muita ingratidão da minha parte fazer algo de errado. Mas Deus estava vendo. Então eu continuava tentando.

Como nunca nada dava certo, comecei a me condicionar a esperar o problema, o erro, até que cheguei aos 19 anos e tive um filho.

O DIA EM QUE EU TIVER UM FILHO, VOU SER O PAI QUE EU NÃO TIVE.

Ao mesmo tempo, a gente vai crescendo e vê o tempo passar; muitas vezes percebemos que não vamos conseguir tanto quanto queríamos. Quando parei para analisar, vi que não ia dar tanto assim para ajudar a minha mãe como eu gostaria de ter ajudado naquela época, mas pelo menos tentei... Paciência. Quando tive um filho, porém, tudo mudou, pois pensei: "Agora é diferente; eu que o fiz, ele não pediu para nascer; então agora não tem outra opção, eu preciso dar certo".

Tive um filho fora de hora justo no momento em que a minha vida estava começando a se organizar. Mas a paternidade, para mim, foi um divisor de águas. A partir do momento em que soube que ia ser pai, percebi que precisava fazer acontecer, tinha que dar uma virada na minha vida. O lance de me tornar pai foi o que deu uma acelerada no processo, e o principal motivo pelo qual sempre fui um pai presente e preocupado com a minha paternidade foi o fato de não ter tido um pai presente. Eu pensava e falava muito para a minha mãe: "O dia em que eu tiver um filho, vou ser o pai que eu não tive". O meu filho foi o fator que me fez acelerar todo o meu processo de mudança de vida.

Naquela época, eu estava no Exército. Era soldado, e na unidade em que eu estava, tirava muito serviço nos finais de semana e feriados, então comecei a ficar preocupado: "Bah, daqui a pouco nasce a criança, e pode ser que eu nem esteja presente no parto, porque vou estar aqui neste serviço". Foi quando pedi dispensa. Porém, ao mesmo tempo, pensei que, se eu exercesse a função que fazia lá no rancho do quartel em um restaurante de rua, ganharia mais do que no quartel, trabalhando menos, e ainda não teria a rigidez militar, sem risco de represálias por chegar atrasado. Então saí e, em seguida, me tornei taxista.

PARECE QUE QUEM FAZ AS COISAS CERTAS SÓ SE FERRA, SE DÁ MAL, E PIOR QUE EU VIA OS CARAS QUE FAZIAM COISAS ERRADAS ANDANDO DE CARRÃO, COM MULHER DO LADO, E NUNCA FICAVAM SEM DINHEIRO.

Dirigia das cinco da manhã às cinco da tarde, e às seis eu continuava no outro emprego de balconista de farmácia, fazendo turno das seis à meia-noite. Daí eu ia para casa, chegava, dormia podre de cansado, acordava às quatro da manhã e ia de novo. Então era assim que eu ficava, de segunda a segunda, no táxi. Nesse tempo, ainda conseguia fazer umas corridas extras, pois não havia nenhum aplicativo, então dava mais dinheiro. Cheguei a ganhar uma boa grana, apesar de deixar minha mãe sem dormir enquanto eu não chegasse em casa. Nessa fase, consegui dar uma respirada, porque eu também conseguia pegar muita coisa na farmácia: pegava fralda, leite, mamadeira, eles descontavam da minha folha, e ainda tinha o dinheiro do táxi. Assim, consegui organizar um pouco a minha vida naquele momento. Quando eu estava achando que ia dando tudo certo, esquecendo um pouco de quem eu era e do azar que tinha, bati o carro. Estava muito exausto e dormi na direção. O dono do táxi acabou me pedindo o carro de volta. Dali a menos de um mês, foi a vez de o dono da farmácia anunciar para a gente que iria vender o estabelecimento. "Ah, tudo de novo... Caramba, e agora?", pensei.

Já trabalhei com um monte de coisas, sabia até cortar cabelo. Então fui fazer isso. Antes de entrar no quartel, já sabia o ofício, aprendi sozinho, comecei com doze anos e cortava toda semana. Minha mãe implantou um negócio em mim que era o seguinte: ela dizia que, como eu era negro, tinha que ser limpinho e manter o cabelo cortado, porque as pessoas ficavam me observando demais, por isso eu tinha que manter a aparência boa, e dessa forma eu cortava toda semana.

Colocar a cabeça para funcionar sempre foi um grande triunfo para mim, e comecei a pensar: "Cara, toda semana eu corto o cabelo, então vou fazer o seguinte: vou juntar esse dinheiro dos cortes, comprar uma máquina e não vou precisar mais pagar". Assim, juntei trinta reais na época, fiquei vendo como o barbeiro fazia, perguntava algumas coisas para ele, e comecei a passar máquina 1 na minha cabeça – ou seja, eu só raspava careca. Depois comprei um navalhete, perguntei de novo para o barbeiro como se usava aquilo, ele me ensinou, e depois de um tempo comecei a arriscar uns cortes; um corte de milico, um moicano, e aí meus amigos começaram a perguntar quem é que estava cortando o meu cabelo, e eu falava que era eu mesmo.

"Não mente, cara! Olha como é que estava o seu cabelo."

"Não, cara, sou eu!"

"Ah, então corta o meu também!"

Eles gostavam. Só que eu não ganhava nada. Eram cobaias.

Desse jeito, ao me ver desempregado de novo, quando soube de um amigo meu que tinha uma barbearia e que estava precisando de funcionário, não pensei duas vezes. "Meu, na real não sou barbeiro, mas sei cortar", foi o que disse para ele, que acabou me aceitando. Já no primeiro dia de trabalho fui parar em uma ação beneficente em um bairro carente, no Dia das Crianças. Naquele dia foram vinte cortes de cabelo.

"Tio, tu faz uma teia de aranha?"

"Faço!"

Não sabia, mas fazia, mesmo tudo errado. Saiu de tudo, símbolo de marcas famosas, de time de futebol, alguns deles bem tortos, e mesmo assim as crianças ficavam super felizes.

Fiquei um ano lá na barbearia. Lembro que os clientes chegavam e queriam sempre passar com o dono, pois eu ainda era novo. Quando viam que só tinha eu para cortar, já ficavam meio desanimados. Mas fiz um curso, voltei e superei o dono da barbearia. Já sabia fazer tudo: química, alisamento, relaxamento. E foi assim que a situação se inverteu e comecei a tocar a barbearia sozinho.

NÃO, EU NÃO QUERO PASSAR EM UM CONCURSO, EU QUERO TER UM NEGÓCIO.

Eu tinha muito um pensamento comigo: em todo lugar que eu trabalhava, ficava perguntando como se fazia a atividade, porque eu também queria ter o meu próprio negócio. Quando trabalhei em uma barbearia, queria ter a minha barbearia; quando trabalhei em uma farmácia, queria ter a minha farmácia; quando trabalhei no restaurante, queria ter o meu restaurante. Contudo, os pensamentos dos meus parentes eram diferentes. Sempre tinha aquele tio que queria dar conselhos, chamar para conversar, e o conselho era o mesmo: "Meu filho, estuda não sei o quê..."; "Arruma um emprego certinho com carteira assinada..."; "Faz um concurso...".

O pensamento de quem não tem muita ambição na vida é isso aí mesmo, né? É estudar e fazer um concurso para ninguém poder te demitir, para você ter estabilidade. Mas eu continuava pensando comigo mesmo: "Não é possível que o cara tenha que se conformar com isso de viver assim, com esse salário tão pequeno para o resto da vida, aquela vida com dinheiro sempre contado". Eu queria ter liberdade, poder ganhar bastante dinheiro, poder viajar, fazer as coisas que eu tivesse vontade de fazer. Queria fazer uma coisa de que eu gostasse, não um negócio para não poder ser demitido. Isso não é objetivo. Além disso, eu via a diferença entre a galera que tinha um concurso e a galera que tinha um negócio; eu via a casa deles, eu via o carro e via que os caras que eram donos de negócios tinham a vida diferente.

Então, quando eu ouvia esse tipo de conselho, argumentava: "Não, cara, eu não quero ter um concurso, eu quero ter um negócio". Como eu sempre tinha uma ideia atrás da outra por causa dos muitos serviços em que já havia trabalhado, ia contando para alguns familiares que tinham um pouquinho mais de grana como era o negócio em que eu estava pensando, já que eu tinha a ideia de propor sociedade para conseguir fazer a minha empreitada dar certo.

Acontece que naquela época eu tinha dezenove, no máximo vinte anos, e ninguém confia em alguém nessa idade, né? Eu sempre falava, para arriscar alguma ideia:

"Meu, vamos abrir um negócio, assim ou assado?"

"Cara, para! Tu sempre está com uma ideia diferente. Tu está louco..."

"Não, cara. Não tem como dar errado! Já me informei...

NINGUÉM ACREDITAVA. ENTÃO EU TINHA A IDEIA, TINHA A VONTADE PARA FAZER, SÓ QUE NÃO TINHA COMO FAZER. NÃO TINHA NINGUÉM QUE ACREDITASSE. ASSIM, QUANDO PASSEI A TER CONDIÇÕES DE EU MESMO INVESTIR NOS MEUS NEGÓCIOS, NINGUÉM MAIS CONSEGUIU ME SEGURAR, PORQUE AÍ EU TENHO A IDEIA, VOU LÁ E FAÇO, ENTENDEU?

Continuava pensando comigo mesmo: "Não é possível que o cara tenha que se conformar com isso de viver assim, com esse salário tão pequeno para o resto da vida, aquela vida com dinheiro sempre contado".

O nascimento do "Nego Di"

Nunca pensei que um dia eu fosse me tornar humorista na vida. Mas quando ainda estava tocando sozinho a barbearia, que ficava no Sarandi, na Zona Norte de Porto Alegre, a primeira oportunidade para um novo divisor de águas na minha vida surgiu.

Na realidade, aquela barbearia não era minha, mas o cara que era dono estava meio que tirando o pé, devia estar pensando: "Ah, o negão está conseguindo tocar sozinho, então vou dar uma descansada". Então, ele começou a viajar; ia para a Bahia, para o Nordeste, e me deixava sozinho. Acontece que ele acabava ganhando, né, porque ele era o dono, e comecei a me incomodar, pensando: "Cara, é ruim ficar assim... Estou trabalhando aqui que nem um louco, o cara viajando por tudo aí... Assim não dá! Eu vou abrir uma barbearia".

Só que, como o cara tinha me dado uma oportunidade, eu precisava fazer uma proposta para ele. Portanto, chamei-o para conversar e propus uma sociedade em que ele entrasse com a grana e eu com o trabalho. No final das contas, depois de um tempo, ele não quis mais ficar no negócio, então fiquei sozinho, comprei as coisas dele, e ainda encontrei um cara para trabalhar comigo. Um dos meus melhores amigos trabalhou comigo lá, e as resenhas de áudio começaram mais ou menos nesse período da barbearia.

BAH! ESSA NEGA NÃO TEM NEM CINQUENTA CENTAVOS DE CABELO E NÃO DEU NEM UM REAL PARA PAGAR A BEBIDA!

Naquela mesma época, teve uma festa em que um amigo meu me convidou para ir com ele, sua namorada e a irmã mais nova dela, o que na hora já virou motivo de brincadeira: "Bah, meu! Que loucura isso aí!? Tu virou babá de cunhada agora?". Quando chegamos na festa, fizemos uma vaquinha para comprar um combo de bebidas, mas a única que não contribuiu foi a cunhada dele – só que era a pessoa que mais estava bebendo naquela noite. Ela ainda encontrou uns amigos na festa e começou a encher o copo deles também. Daí falei: "O que é isso, cara!? Ela não botou um real e é a que mais está bebendo, e ainda distribuindo bebida para os amigos. Isso é demais pra mim!".

No outro dia, larguei um áudio falando dela no grupo de um aplicativo de texto dos amigos da região, mas em tom de brincadeira: "Bah! Essa nega não tem nem cinquenta centavos de cabelo e não deu nem um real para pagar a bebida!". Foram uns 45 segundos de áudio, por aí, e lembro que, mais ou menos uma semana depois, outro amigo meu, que não estava nesse grupo, me mandou esse áudio, falando:

"Meu, escuta esse áudio, pelo amor de Deus!"

"Cara, esse áudio fui eu que fiz."

"Cara, não começa!"

Esse meu amigo insistia que o cara do áudio era alguém do Rio ou de São Paulo, porque aqui no Sul a galera tem essa mania de achar que tudo o que bomba vem ou de São Paulo ou do Rio de Janeiro.

"Não, cara, fui eu que fiz!", e comecei a fazer aquela mesma voz que eu tinha torcido no áudio.

"Cara! Você não tem noção! Estou na praia e aqui está todo mundo escutando!" Ele me mandou um vídeo, e o pessoal estava mesmo escutando na caixinha de som, na beira da praia, aquele áudio que eu havia feito simplesmente por brincadeira. Que loucura!

No começo, não dei bola, mas o negócio viralizou. Meus amigos começaram a pedir cada vez mais áudios, e comecei a brincar nos grupos de mensagens. Tudo o que eu falava virava um novo áudio, e não demorou muito para viralizar. Meus áudios começaram a chegar por meio de pessoas de outros lados da cidade.

ALÔ, NEGA EDNA! NEGA EDNA, ESTÁ AÍ?!

Nessa época, eu ainda trabalhava como barbeiro, além de ser motorista de aplicativo, e até durante as corridas tinha gente que pedia para eu contar alguma piada. Era um stand-up não declarado.

Até então, a grande massa que compartilhava os áudios não sabia que era eu mesmo; sabiam apenas que era um cara negro, tanto que a galera falava que era o "negão dos áudios". Clientes da barbearia até me perguntavam se eu já tinha ouvido um desses áudios, colocavam para tocar e ficavam ouvindo meu áudio sem saber que era eu; às vezes eu encontrava alguém no ponto de ônibus que escutava, às vezes em corridas de aplicativo. Mas eu ainda não sabia como tirar proveito daquilo tudo.

Nunca pensei em ser comediante na vida, até que um dia o meu sócio na barbearia chegou dizendo:

"Negão, por que tu não faz um stand-up?" "Não, meu. Como assim, cara?"

"É sério, cara. Imagina a gente fechar a barbearia, aí cobrar R$ 5 para os caras te verem falando essas besteiradas aí."

"Não, cara! Quem é que vai pagar isso aí? Está louco?"

Ele então começou a perguntar para os clientes que sabiam que era eu se eles não pagariam para ver o negão dos áudios, e muitos falaram que pagariam. Eu ainda recusava: "Não viaja, mano. Não quero isso aí". Até que um dia a gente foi em um show de uma banda de pagode daqui, de que eu era fã, e o cara falou brincando no palco: "Alô, Nega Edna! Nega Edna, está aí?" (uma personagem das minhas histórias da época). Todo mundo começou a rir na mesma hora. O lugar todo veio abaixo na risada. Meu amigo então me falou: "Cara, todo mundo está rindo só com esse cara falando. Agora imagina se fosse tu, o cara que criou o bagulho?".

Eu ainda achava que meu amigo estava viajando, e tinha vergonha também; sempre fui muito tímido, tanto que não queria que ninguém soubesse que era eu. Mas quando parecia que nada disso iria virar algo sério, meu primo e padrinho, Régis, que é estudado, professor e conhecedor de tudo o que rola na internet, me fez enxergar aquilo que eu ainda não vislumbrava. Ele é muito ligado na comédia, em stand-up dos caras americanos, notícias, em tudo, e um dia ele me perguntou se era eu que estava fazendo aqueles áudios, pois tinha achado a voz parecida. Quando confirmei, ele me ligou: "Cara, meus amigos da infância estão loucos com esses áudios, dizendo que o cara é um fenômeno".

O convite para abrir um canal em um site de vídeos partiu do Régis. Eu ainda não via oportunidade naquilo, mas foi ele que me alertou sobre como já havia uma galera ganhando dinheiro na plataforma. Ele foi me mostrando um a um e suas ascensões na época, mas ainda assim eu seguia com resistência, achando que era loucura dele. Régis se preocupava muito comigo, e todos os dias ele falava: "Cara, pensa bem, isso pode ser uma oportunidade".

Quando tudo estava caminhando para eu realmente deixar a oportunidade passar, chegou um dia em que eu estava mexendo nesse aplicativo e procurando pegadinhas, que eu gostava de ver. Conforme fui passando de vídeo em vídeo, sem querer achei um áudio meu. Um cara havia postado, com um fundo preto, o meu áudio, e em dois dias já havia quarenta mil visualizações. A pessoa postou querendo se passar por mim, mas mesmo vendo a sacanagem, eu curti e fui lendo os comentários, e as pessoas estavam gostando, dizendo que eu era muito engraçado e até trocando números de telefone entre elas para compartilharem outros áudios que eu havia gravado. Como eu não entendia muito dessas plataformas, olhava aqueles números de visualizações e pensava: "Nossa, esse cara deve ter ganhado muita grana nas minhas costas!". E foi nessa hora que chamei o Régis para ele me ajudar a fazer o meu canal. Eu não tinha nem computador, mas ele fez tudo certinho para mim. Na sequência, selecionamos dezenove áudios que poderíamos usar, pois não tinham muita baixaria nem estavam falando de ninguém especificamente, e todos foram colocados de uma vez no meu canal. Todos viralizaram. Em uma semana, já havia dez mil inscritos, o que na época, e para a região, era muito.

Apesar do sucesso, tive algumas escorregadas também, pois comecei a me atrapalhar fazendo áudio de pessoas conhecidas. Às vezes pegava pesado, perdia a mão, mandava foto nos grupos e o áudio viralizava, mas a pessoa que tinha virado personagem ficava brava comigo. Já tinha perdido a conta da quantidade de áudios que tinha feito para brincar com amigos de amigos, e nesse trajeto aconteceram tantas coisas – e até ameaçado eu fui –, que comecei a pensar se deveria continuar com aquilo. Resolvi continuar e ainda criei uma periodicidade: toda terça-feira era dia de áudio. Então eu me organizava para toda terça-feira, às onze da manhã, fazer um áudio novo, que meu primo transformava em vídeo e postava na plataforma; ele ainda postava algumas figuras engraçadas, fazia uma edição. O negócio estava ficando profissional.

PARA GANHAR O MEU PRIMEIRO REAL COM O NEGO DI, FIQUEI QUASE DOIS ANOS FAZENDO NEGO DI SEM GANHAR NADA.

Comecei a falar de tudo: política, notícias, atualidades; tudo que dava uma treta, eu comentava, enfim, falava sobre tudo que estava rolando no mundo, para abranger mais pessoas. Chegou certo ponto em que decidi divulgar para as pessoas que eu era o cara dos áudios. Foi bem no dia do meu aniversário; me organizei para ser nesse dia, para eu não esquecer: 01/06/2016. Larguei um textão nas redes sociais dizendo que eu era o cara que estava fazendo os áudios, e criei o nome artístico Nego Di, um personagem, na realidade uma caracterização, que eu pensava que teria de ser como eu imaginaria esse cara se não o conhecesse. Então botei uma touca, daquelas pretinhas que os caras usam meio malandro, sobrando um pouquinho em cima, uns óculos escuros, bigodinho fininho – eu nem tinha bigode direito na época –, que desenhei com lápis de olho, uma roupa de basquete e corrente por cima. Esse foi o surgimento do Nego Di.

EU VOU CONTINUAR FAZENDO, PORQUE, MESMO SE EU NÃO GANHAR NADA, PELO MENOS ESTOU FAZENDO O BEM PARA ALGUÉM.

Continuei trabalhando na barbearia e no táxi, porque eu não ganhava tanta grana assim. Na verdade, para ganhar o meu primeiro real com o Nego Di, fiquei quase dois anos fazendo Nego Di sem ganhar nada. Eu já estava cansado de fazer o negócio, porque os caras começaram a ir lá na barbearia e encher o saco, pedindo áudio de foto, de vídeo para amigo, vizinho, cachorro, papagaio – e eu não ganhava nada com isso. Já estava de saco cheio, então falei para o meu primo Régis: "Cara, na próxima terça-feira vou avisar para a galera que vai ser o último áudio que vou fazer. Eu estou cansado já, e não tem como ganhar dinheiro com isso, cara; é só enchação de saco, não quero mais. Quero seguir cortando os cabelos, e já era".

Mas nesse último áudio que larguei, teve um comentário que mudou tudo para mim. Um cara escreveu que fazia um mês que ele havia perdido a mãe e que estava em depressão, mas que os meus áudios o ajudaram a sair daquela fase. Ele terminava a mensagem me agradecendo, e dizendo que toda terça-feira, às onze horas, ele vinha ouvir os áudios – e se sentia bem melhor depois. Na sequência, no comentário dele, outras pessoas começaram a responder algo parecido. Vários comentaram que haviam passado por diversos problemas, e meus áudios os ajudaram a sair da depressão. Aquelas trocas de relatos, de experiências de vida, me fizeram repensar.

"Régis, na real eu vou continuar fazendo, cara, porque, mesmo se eu não ganhar nada, pelo menos estou fazendo o bem para alguém", disse para o meu primo naquele mesmo dia. Eu havia entendido que o que realmente importava era fazer o bem para alguém, e que aquilo era um trabalho não para mim, mas para os outros. Continuei fazendo o Nego Di, e foi questão de pouco tempo depois daquele momento até começar a ganhar grana com o personagem.

ACREDITO QUE É UM POUCO DO QUE VOCÊ JOGA PARA O UNIVERSO, PORQUE EU ESTAVA QUERENDO FAZER O BEM, NA REAL, SEM ME IMPORTAR COM O QUE IRIA GANHAR.

Não vou dizer que eu não me importava com a chatice. Com essa eu me importava um pouco; todo passageiro que entrava no táxi me reconhecia:

"Di!! Bah, meu! Que tu está fazendo aqui?"

Eles achavam que eu era rico.

"Bah, cara, eu sou taxista... estou trabalhando..."

Eles não acreditavam, e eu passava o dia todo explicando que era difícil ganhar dinheiro com aquilo, que ainda não dava para me sustentar só com os áudios. A mesma coisa com os clientes da barbearia. Porém, como eu já havia encontrado o propósito com aquilo tudo, fui em frente, pois a melhor fase ainda estaria por vir.

***

Tempos atrás, compartilhei no meu perfil social que o que vai determinar o quão vencedor você será é a sua própria capacidade de transpor cada obstáculo que a vida vai colocar no seu caminho.

Até aqui, você viu que desde cedo determinei para mim mesmo que eu tinha que dar certo, e quando fui pai, então, não havia outra opção a não ser dar certo! Era acertar ou acertar. Como já disse aqui que o meu propósito com este livro não é só contar quem sou eu, pega esta próxima visão:

Vários comentaram que haviam passado por diversos problemas, e meus áudios os ajudaram a sair da depressão. Aquelas trocas de relatos, de experiências de vida, me fizeram repensar.

TENHA UM PROPÓSITO.

> *O meu sempre foi o de dar certo na vida, e tudo o que me aconteceu só foi mais motivo para continuar na luta. Se você não tiver nenhum objetivo para sair do lugar em que está, não vai ter nego que te faça vencer. Então, se oriente e comece a pensar todos os dias no que você precisa fazer para chegar a um lugar em que você realmente queira estar na vida.*

NÃO DÊ PALCO PARA O AZAR.

> *Nenhum obstáculo será grande demais se a sua vontade de vencer for maior. Escute o que estou te falando: se tudo*

começar a dar errado, não adianta dar para trás achando que não vale a pena tentar, porque nenhuma maré de azar dura para sempre. Então, quando algo der ruim, der feio mesmo, pare, esfrie a cabeça e pense em alternativas, porque, no final das contas, a sua vontade de vencer sempre irá guiá-lo pelo caminho certo.

TENHA INICIATIVA.

Não importa se as pessoas achem que você é louco de ter uma ideia diferente atrás da outra. O importante é você não parar no tempo e continuar correndo atrás daquilo em que muitas vezes só você acredita, porque o que vai determinar se vai dar certo ou não, como já disse, é você mesmo e a sua coragem de fazer. Ainda que você comece de pouco, faça movimentos em direção a realizar mudanças na sua vida. Arrisque, não se prenda ao medo de não dar certo, porque é fazer ou fazer para conseguir algum resultado. Qualquer outra opção que não seja a AÇÃO não vai te levar a lugar algum.

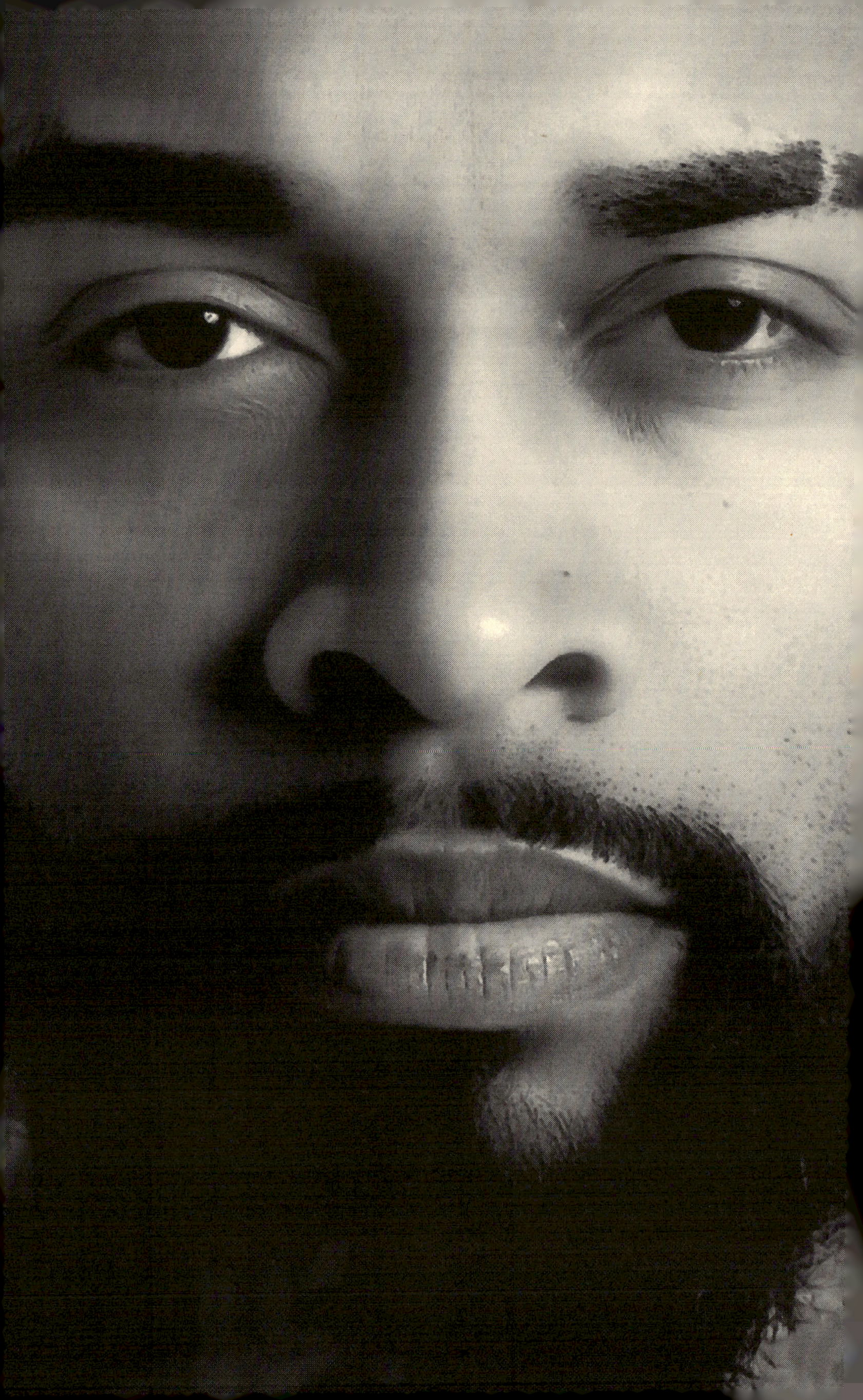

CAPÍTULO 3

DE CANCELADO A FAMOSO

"**S**erá que vou conseguir?" era um dos pensamentos que eu tinha nos muitos momentos em que cheguei a me sentir perdido, sem saber o que fazer da vida. Várias vezes ficava pensando, porque sempre trabalhei em vários empregos comuns, e sempre fui muito bom nas coisas que eu fazia – só que em nenhum deles eu sentia aquela sensação de realização. Mas foi a partir do canal que tudo mudou de vez.

Primeiro eram apenas os áudios, depois comecei a fazer vídeos também, e na sequência veio a rádio web. Houve uma época em que, assim como é hoje o podcast, a rádio web era a febre do momento, então fiz parte de dois programas, entre 2016 e 2017. Foi nessa época em que comecei a receber convites, só que não era remunerado. Na realidade, não rolava nem o dinheiro do ônibus, nada; eu não tinha nem carro, então gastava, toda vez, cerca de R$ 37 de táxi para ir e outros R$ 37 para voltar de Canoas. Além de todo esse gasto, chegou uma hora em que não deu mais, porque eles também estavam querendo mudar as minhas piadas. Primeiro falaram "Cara, eu quero aquele Nego Di", só que aí, quando eu fazia as piadas, falavam: "Não, cara! Aí está muito Nego Di, tem que ser menos!". Assim, fui vendo que o negócio estava virando meio que piadoca de salão, e não era aquilo que eu queria. Além disso, os caras faziam lives para no máximo doze pessoas, e se eu entrasse nas minhas redes sociais como Dilson, que ninguém sabia que era o Nego Di, dava pelo menos umas sessenta pessoas. Então saí.

TEVE GENTE QUE AINDA PEDIU PARA TIRAR FOTO COMIGO, E EU NÃO SABIA O PORQUÊ.

Logo depois disso, comecei a fazer stand-ups, em 2017. Só que nessa fase eu fazia uma única apresentação e ficava outros três meses parado. Tinha uma galera que era dos comediantes menores que agitavam uma noite e botavam vários humoristas para se apresentar.

Quando os caras me chamaram, eu estava com vinte mil inscritos no canal – o que, para Porto Alegre e para a época, era muito top – e todos os áudios viralizados. Assim que recebi o convite, eles acharam que eu já fazia stand-up, então menti afirmando que já fazia; quer dizer, não menti, eles me perguntaram "Tu faz stand-up?", e respondi "Sim!". Não falei que não sabia, porque pensei assim: "Meu, se entrar um dinheiro disso aí, estourei!". No dia do stand-up, na hora da apresentação, falei para o produtor da noite: "Cara, só tem uma coisa: nunca fiz isso daí, eu não sei fazer". "O quê!? Cara, tu está louco!? Tu está no flyer!".

Naquela época eu era muito inocente, não tinha maldade, e os caras ainda me botaram grandão no flyer, em destaque, e todos os outros pequenininhos embaixo. Só que eu não sabia, não tinha noção de que as pessoas iriam só porque já me conheciam. Teve gente que ainda pediu para tirar foto, e eu não sabia o porquê. Nessa época eu já não era mais barbeiro e estava apenas no táxi, então fazia a seguinte conta: se fizesse uns dois ou três shows por semana, isso daria uns R$ 2 mil por mês, e naquela época isso já era muito bom para mim.

Minha estreia no stand-up foi assim, com o produtor me dando dicas para pegar uma história que eu tivesse contado e viralizado, além de esperar as pessoas rirem depois das minhas piadas, e não sair como uma metralhadora, disparando uma atrás da outra, como eu fazia nos áudios. Foram quinze minutos, o que, para quem está começando, já é muito, mas deu certo. Tanto que o meu show foi um dos melhores da noite, dentre uns oito comediantes. Ninguém acreditou depois quando falei que era minha primeira vez, e foi legal, fiquei muito confiante.

Já o segundo show foi um fiasco total. Fui parar em Tapes, uma região remota do Rio Grande do Sul, onde não havia muita referência para se fazer stand-up. Era só água e mato, praticamente! Tive a ideia de gênio de que eu precisava dar uma relaxada antes da apresentação, então parei no posto de gasolina, comprei aquele vinho de garrafa de plástico de dois litros e fui. Cheguei lá em Tapes e tiveram que me carregar para fora do carro. A sorte é que eu e a galera de comediantes que foi comigo chegamos tão atrasados que o pessoal todo que estava lá já estava bêbado. Parecia que eu estava dando uma palestra, porque ninguém ria. Chegou uma hora em que eu já estava viajando total, gritando no microfone: "É foda, cara!! Tu não tem noção como é foda ser negro no Rio Grande do Sul!!!". Depois disso, fui salvo por uma mulher que acabou dando uma garrafada na cabeça de outra, e toda a apresentação de stand-up foi cancelada pela confusão geral.

Nessas primeiras apresentações, eu ganhava cerca de R$ 60 por noite. E trabalhava outras catorze horas no táxi. Foi por causa das corridas que fui sendo reconhecido como humorista. Muitos passageiros me pediam para contar resenhas durante as viagens, e foi a partir daí que fui entendendo que estava levando público para as apresentações. Isso me deu confiança para começar a fazer algumas exigências, como aparecer nos lugares por R$ 150, além de transporte. Mas a virada de chave mesmo aconteceu em Guaíba, um tempo depois.

Quando cheguei lá certa vez para um show, o apresentador me avisou que eu me apresentaria sozinho, porque havia acontecido um imprevisto com os outros sete comediantes, ficando então apenas eu para segurar uma hora de stand-up.

"Cara, tu consegue segurar isso aí para nós?", ele perguntou. Acontece que eu só tinha quinze minutos preparados, com uma mesma resenha que estava usando havia um tempo. Quando vi aquela galera toda, improvisei. Comecei a chamar o pessoal para subir no palco e interagir comigo, mas ninguém estava vindo; foi então que comecei a prometer R$ 15 de desconto na comanda para quem participasse, para desespero do dono do bar, mas a estratégia deu certo. Bati uma hora de show com sucesso. Ao final daquele evento, fui receber meu pagamento e vi um bolo de dinheiro na mão do produtor; todo feliz, ele contou apenas três notas de R$ 50, me entregou e me agradeceu pelo sucesso da noite. Fiquei indignado, porque tinha trabalhado por todos os outros, e pela lógica era para ele me dar o valor da galera que não tinha ido se apresentar, mas fiquei nos mesmos R$ 150.

Quando ele foi embora, notei que o dono do bar era muito fã do meu trabalho. Era o tipo de cara que mandava meus áudios com baixaria até para a mãe. Ele chegou dizendo: "Cara, deixa eu te falar uma coisa, como é que funciona para a gente armar uma eu e tu?". Topei a parceria e, a partir daquele momento, fui pegando um bar de cada cidade. Já na minha primeira apresentação, passei a ganhar R$ 1.200 sozinho.

Este foi o meu primeiro formato: "O Quiz do Nego Di". A coisa foi crescendo, cheguei até a mandar fazer camisetas com as minhas frases e bonés com a minha marca. Quem participava ganhava de brinde, e eu levava até o meu primo para vender na porta dos shows. Fiquei quase um ano nessa, e foi assim que passei de não ganhar praticamente nada para faturar R$ 5 mil por mês.

"CARA, OU TU É HUMORISTA OU TU É MÚSICO. AS DUAS COISAS NÃO DÁ."

Eu sempre quis ser famoso, mas nunca imaginei que a fama viria por meio do humor. Meu sonho sempre esteve ligado à música, apesar de ter sido meio que sem querer o início da minha trajetória musical.

Eu estava no segundo ano do colégio, e era o dia das profissões na escola, um colega meu, que era descolado e popular, levou uma galera de uma aula de capoeira que ele fazia, e os caras fizeram uma apresentação; a partir dali, fiquei apaixonado pelo berimbau. No mesmo dia, fui pedir para a minha mãe: "Oh, mãe, me compra um berimbau?". Naquela época, R$ 20 era dinheiro, mas a fiquei incomodando, tanto que fomos até o Centro de Porto Alegre, em uma loja de instrumentos, mas em vez de levar o sonhado berimbau, saí com um pandeiro na mão. Ele era o último da loja que estava em promoção, por R$ 18, e, segundo o vendedor, não viria mais por esse preço. Era como se hoje em dia custasse R$ 50. Já o berimbau, ele disse que eu acharia sempre, e custaria os mesmos R$ 20.

Comecei a tocar sozinho em casa. Passei a escutar e prestar atenção no jeito como os caras tocavam as músicas e fui aprendendo sozinho. Levava o pandeiro para a escola, ficava tocando no recreio, na educação física e em todos os lugares que eu ia. Ele virou o meu melhor amigo. Eu tocava bastante e fiquei muito bom no pandeiro, tanto que, quando pedia para me deixarem tocar nos pagodes, a galera ficava impressionada, porque eu era novo, tinha por volta de doze anos, e tocava como se fosse profissional.

Os caras começaram a me chamar, e nisso fiz banda de garagem e passei a ter contato com outros instrumentos. Nessa época, desenvolvi outra paixão, dessa vez pelo banjo. Só tinha um problema: esse instrumento custava cerca de R$ 600 (hoje passa de R$ 1 mil). Minha mãe sempre acreditou em mim, sempre via que eu tinha talento para as coisas, que eu me esforçava, então, mesmo estando com o dinheiro contadinho do aluguel, me lembro como se fosse ontem, ela pegou e foi comigo de novo ao Centro. Eu já estava com quinze anos, e quando chegamos à loja, o dinheiro não deu para comprar o banjo. Ela comprou então um cavaquinho, que era mais barato, por volta de R$ 400. Assim como tinha sido com o pandeiro, aprendi a tocar sozinho; e assim foi com o violão e outros instrumentos. Até um teclado comprei tempos depois, mas aí fiz umas aulas de piano, para poder aprender.

Cheguei a formar uma banda com alguns amigos, mas acabei tendo problemas com ela. Queria muito e, na minha cabeça, tinha certeza de que iria dar certo, só que fomos ficando mais velhos, e os caras começaram a desanimar: "Bah, cara, não vai dar!". Uns começaram a estudar, outros arrumaram emprego, foram casar, e eu fui ficando. Um desses meus amigos até tentou me convencer a desistir.

"Porra, negão, acho que esse não é o caminho, não vai dar, cara. Vai estudar, trabalhar".

"Cara, eu trabalho, mas não posso desistir. Vai dar certo!" "Mas é difícil, cara, olha há quanto tempo a gente está tentando."

Sei que continuei insistindo que ia dar certo, tanto que, aos dezessete anos, comecei a usar parte do salário para fazer aula de canto. No dia em que o cantor da banda em que eu tocava pandeiro faltou e me pediram para quebrar um galho, eu cantei.

"CARA, TU CANTA MELHOR QUE O CANTOR!"

Eu me lembro de ter assistido a uma entrevista do Péricles em que ele falava que fazia aulas de canto até então. Aí pensei, "Cara, se o Péricles faz aula, todo mundo tinha que fazer!". Olha o que o cara canta, e mesmo assim ele estuda; comecei então a fazer aula de canto. Os caras que cantavam, do meu círculo de amizades, meio que tiravam sarro de mim.

"Por que tu quer fazer aula, negão? Os caras que já cantam não precisam disso aí."

"Cara, tu está gastando dinheiro, está jogando dinheiro fora."

A banda acabou logo em seguida, mas continuei fazendo aula de canto e comecei com a prática de compor, porque nessa época também já estava tocando violão. Eu só escrevia – foram mais de cem músicas –, mas não tocava em lugar nenhum, ficava só em casa estudando, fazendo as aulas de canto e escrevendo.

Quando estava com uns vinte anos, cheguei a reencontrar meus amigos em uma festa, e eles ficaram impressionados dizendo que eu estava tocando e cantando muito diferente. Isso aconteceu porque estudei, e mesmo não tocando na noite, não desisti – e até hoje é assim. Dia desses, me apresentei no meu restaurante, o Casa Dus Guri, no aniversário de um dos meus sócios. Ele colocou uma banda para tocar e eu cantei, e todo mundo, incluindo os clientes, ficaram impressionados, falando que não sabiam que eu cantava. Não é uma prática que eu costumava expor muito.

Lá atrás, quando finalmente passei a tocar na noite, foi na mesma época em que o humor entrou na minha vida. Só que, em determinado momento, percebi que estava acontecendo um movimento no Brasil inteiro de surgir cantores solo, diferentemente de antes, que eram grupos de pagode, e isso me motivou a não depender de ninguém também. Passei a cantar sozinho, fazia participação em alguma banda que estivesse tocando, dava uma canja, e comecei a ficar conhecido dessa maneira. Quando comecei a fazer os áudios e a ficar popular, eu cantava também, além de trabalhar na barbearia, mas até então ninguém sabia da minha identidade.

Acontece que, quando todo mundo descobriu quem eu era após a minha revelação nas redes sociais, as pessoas começaram a querer me contratar só porque eu era o cara que fazia os áudios. Eu até chegava a cantar umas três ou quatro músicas, porém, na sequência, já pediam para eu contar as histórias dos áudios. Eu falava então as histórias no palco, e as pessoas começavam a rir. Eu nem sabia o que estava fazendo, mas aquilo já era um stand-up não declarado.

Lidar simultaneamente com a música e o humor começou a consumir muito do meu tempo, então chegou uma hora em que tive que escolher: "O que vou fazer da minha vida?".

Sou apaixonado por música, e me pegava falando comigo mesmo que esse era o meu sonho. Só que, ao mesmo tempo, eu também refletia sobre o tanto de anos em que já vinha tentando e nunca tinha conseguido sucesso, e no humor eu mal havia começado e já tinha reconhecimento – sem contar a questão financeira, conseguindo ganhar uma graninha ora aqui, ora ali.

"CARA, SE TU CONSEGUIRES SUCESSO EM ALGUMA COISA E DER CERTO, DEPOIS TU PODES FAZER O QUE QUISERES."

"Vai aonde dá, onde tu és diferenciado." Esses foram os conselhos do Régis para mim, mais uma vez uma das figuras mais importantes na minha história, me ajudando a enxergar as coisas de outra forma. Em um primeiro momento, não foi fácil aceitar, porque sempre acreditei em mim; e não só acredito em mim, como também acredito que todo mundo que quiser muito algo e fizer por onde conquistar, correr atrás, uma hora vai conseguir. Claro, alguns vão conseguir um pouco mais, outros um pouco menos, mas acho que o sucesso é você conseguir viver daquilo que se propõe a fazer, e amar aquilo ao mesmo tempo. Isso é sucesso. Sucesso não é ficar milionário. Sucesso é conseguir realizar o que se quer fazer. Eu pensava: "Se eu tentar muito e não desistir, uma hora vai acontecer".

Foi muito difícil essa escolha para mim, mas mais uma vez o Régis me falou: "Cara, ou tu é humorista, ou tu é músico. Depois tu pode fazer outras coisas, depois que tu realizar, que tiver sucesso, tu pode fazer o que quiser, pois quem tem nome depois consegue". Ainda demorei um tempo para aceitar, mas reconheci que ele estava certo.

Lidar simultaneamente com a música e o humor começou a consumir muito do meu tempo, então chegou uma hora em que tive que escolher: "O que vou fazer da minha vida?".

SEMPRE ACREDITEI EM MIM; E NÃO SÓ ACREDITO EM MIM COMO TAMBÉM ACREDITO QUE TODO MUNDO QUE QUISER MUITO ALGO E FIZER POR ONDE CONQUISTAR, CORRER ATRÁS, UMA HORA VAI CONSEGUIR. CLARO, ALGUNS VÃO CONSEGUIR UM POUCO MAIS, OUTROS UM POUCO MENOS, MAS O SUCESSO É CONSEGUIR VIVER DAQUILO QUE VOCÊ SE PROPÕE A FAZER, E AMAR AQUILO AO MESMO TEMPO. ISSO É SUCESSO. SUCESSO NÃO É FICAR MILIONÁRIO. SUCESSO É CONSEGUIR REALIZAR O QUE SE QUER FAZER.

A vida foi seguindo seu curso, passaram-se alguns anos e o resumo da ópera foi que consegui, finalmente, realizar o sonho antigo de gravar algumas músicas minhas em um dos maiores estúdios de pagode de São Paulo. Gravei com o Rodriguinho, gravei no Rio de Janeiro com vários artistas, e consegui que vários deles, dos quais sempre fui fã, se tornassem meus amigos e me seguissem – tanto pela comédia quanto pela música.

A visão que tenho é que Deus colocou o caminho do humor na minha vida e disse: "Vai por aqui, e lá na frente você vai conseguir realizar, mas por meio disso". Se eu tivesse optado pela música, talvez já tivesse desistido, por causa da dificuldade; não teria alcançado tudo que conquistei e provavelmente ainda estaria trabalhando em um emprego convencional.

No momento em que escrevo este capítulo, um grande sonho de muito tempo está se tornando realidade: o lançamento oficial do meu álbum, *Dream Session*!

Tudo que tenho compartilhado aqui é para mostrar que cancelamento nenhum é capaz de impedir você de realizar os seus sonhos se você realmente quiser muito alguma coisa e acreditar que é possível. Então, saca só mais algumas paradas que até hoje funcionam para mim e também vão funcionar para todo mundo que nunca desistiu.

PERSISTA.

> Podem falar que você está louco, que aquilo que você quer não é para você, que algo que você deseja é impossível, seja por falta de recursos, seja por não saber por onde começar. Mas se há uma coisa que nunca falha é seguir o coração, pois ele lhe dará a força de que você precisa para enfrentar um mundo inteiro de adversidades e cancelamentos a fim de mantê-lo no foco do que você quer alcançar, não importa o tempo que leve para conquistar o seu sonho.

DEDIQUE-SE.

> Como já disse aqui, trabalhei com muitas coisas nesta vida, e em todas elas sempre busquei dar o meu melhor, pois o sucesso está no realizar. Sem contar que a estrada que percorremos pode parecer, em um primeiro momento, estar muito distante ou até completamente fora da rota que imaginávamos para a nossa vida, mas não se engane,

porque ela pode levá-lo direto para onde você sempre quis estar.

TOME DECISÕES.

Ainda que possa parecer um remédio amargo, em um primeiro momento, "abrir mão" de sonhos, lembre-se de que nada é imutável. Tudo pode mudar, você pode mudar. Quando chegar a hora de decidir o que vai fazer da sua vida, entenda que as escolhas são necessárias para fazê-lo sair de um ponto, talvez de estagnação ou comodismo, e lançá-lo a outro ponto, de transformação e crescimento. Então, diante de escolhas difíceis, tome decisões com base no que é certo e sensato a fazer no momento em que você está, porque, quando você menos esperar, a resposta daquilo que você tanto busca chegará.

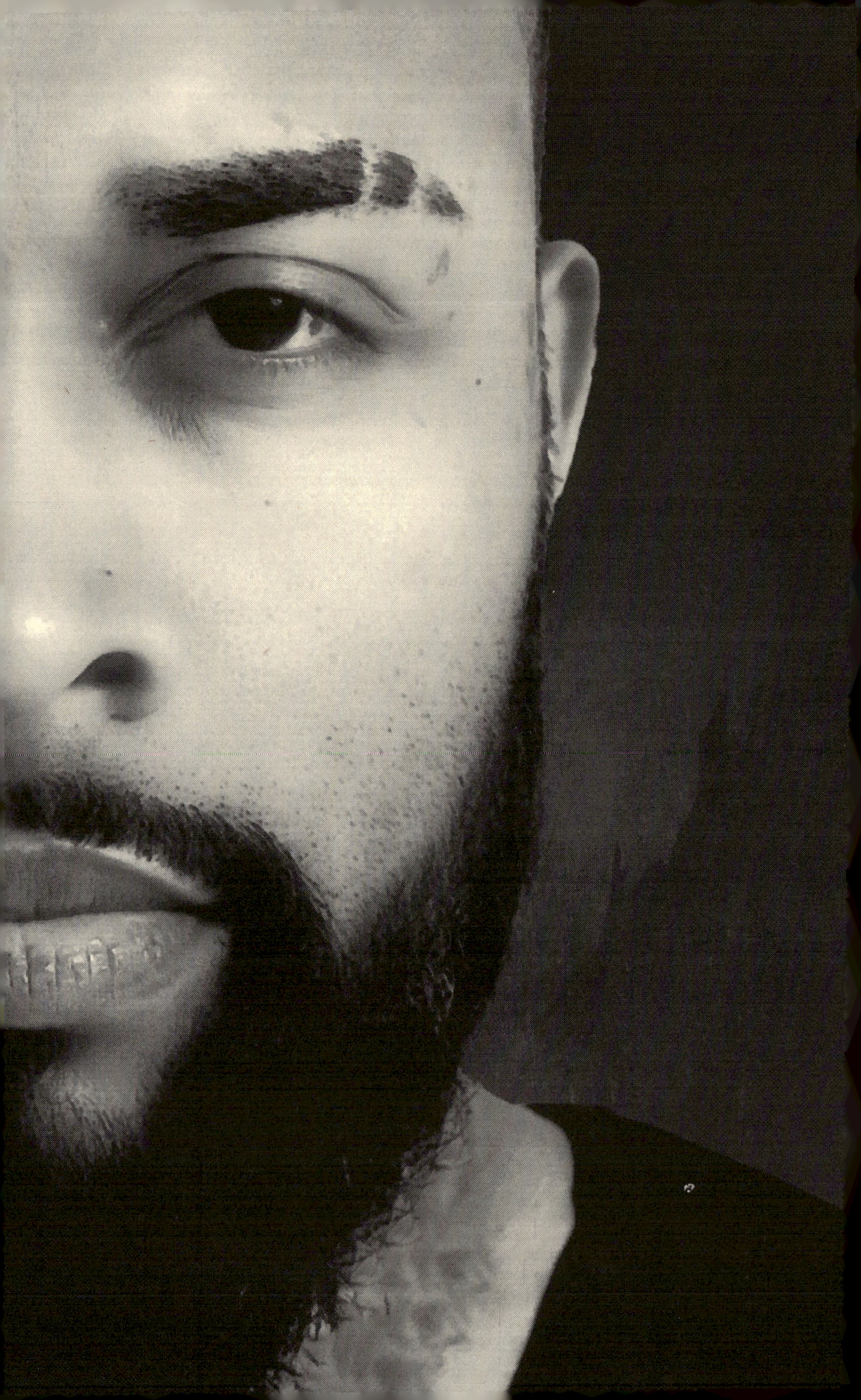

CAPÍTULO 4

ESTOURANDO A BOLHA: DE PORTO ALEGRE PARA O BRASIL

Eu produzia muito conteúdo regional aqui no Rio Grande do Sul. Falava sobre coisas de gaúcho nos áudios e nos vídeos, e no início de 2020 comecei a comentar sobre reality shows. A galera já ficava até esperando que eu postasse os vídeos das eliminações, e foi assim que comecei a ganhar cada vez mais seguidores. Passei a me atentar também que cada seguidor e fã-clube tinha as suas hashtags, então fazia as postagens e os marcava. Um pessoal de outros estados começou a descobrir os meus vídeos e passou a me seguir. A partir disso, comecei a ficar conhecido não apenas no Sul do Brasil, mas também em todos os lugares.

Na internet, comento de tudo, em especial jogos de futebol. Com isso, até famosos repórteres e comentaristas passaram a me seguir. Comecei a fazer um *crossmedia* com toda uma galera; uns caras de São Paulo começaram a me chamar e foi assim, gravando com toda essa galera, que o público deles também foi se tornando o meu público.

A partir dessa época, estourei a bolha rio-grandense, me tornei conhecido no circuito Rio-São Paulo, mas, em se tratando de comédia, ainda é um segmento nichado. Cheguei a fazer shows em teatros em São Paulo, e do Paraná para baixo, eu já vinha me consolidando havia um tempo. Pelo fato de minhas apresentações iniciais serem bastante regionais, meu trabalho viralizou muito no Sul do país. Além disso, eu era um integrante de um programa bem conhecido aqui, que foi o primeiro grande divisor de águas na minha carreira. Eu era popular nos aplicativos de mensagens e de vídeos, já fazia shows, tanto que chegou um momento em que fiquei praticamente maior do que o programa que eu participava, e por isso resolvi sair, pois algumas coisas eu já não podia fazer, uma vez que o programa tinha dono. Eu criava ideias, um monte de coisas que não podia utilizar, porque era uma instituição, e havia restrições do que eu podia falar e fazer. As amarras começaram a me incomodar a ponto de eu sair. Quando saí, as pessoas me chamaram de louco e falaram que eu iria sumir da mídia, mas logo em seguida comecei a fortalecer o meu trabalho nas redes sociais, e de trezentos mil passei a ter um milhão de seguidores, ficando oficialmente mais conhecido do que o programa do qual participava por mais de dois anos e meio.

★★★

Além de me catapultar para a fama regional no Sul do Brasil, a minha temporada nesse programa me possibilitou fazer o único curso que de fato posso dizer que concluí, que foi o Técnico de Produção e Locução de Rádio e Televisão. Foi aí que adquiri uma paixão por rádio e programa de TV. Em seguida, veio a febre de podcast. Pensei que, se eu criasse um programa com pessoas que entendiam bastante de comunicação e eram grandes, isso seria um diferencial, o negócio ia andar. Foi assim que criei o meu próprio podcast. Sou meio imediatista, não gosto muito de ficar naquilo de "será que vai dar certo?". Tenho a ideia e já preciso executar.

A avalanche dos Reality Shows

Se com a minha entrada definitiva para as redes sociais eu havia conseguido dar os primeiros passos de alcance nacional, a minha ida ao maior reality show do Brasil foi uma verdadeira avalanche na minha vida, e não falo isso no mal sentido. O programa foi uma enorme virada de chave, mesmo com tudo o que a galera fala ou falou, todo o cancelamento, o efeito manada, os ataques, as represálias e as polêmicas que vieram depois.

Esse reality show me proporcionou algo que eu não teria tão cedo se não fosse a minha passagem por ele, e talvez demorasse muito para ter, que foi a visibilidade. Hoje, praticamente boa parte da população do país já me conhece, porque muita gente estava assistindo ao programa. Foi a maior audiência já alcançada na história, visto que havia tanta gente também em confinamento em casa, em razão do isolamento social.

PUTZ. ESTOU NO OLHO DO FURACÃO. ESTOU REPROVADO. ESTOU CANCELADO. O QUE VOU TER QUE FAZER?

Quando saí de lá e enxerguei o cenário em que havia me metido, finalmente entendi o que estava acontecendo. "Putz... Estou no olho do furacão, estou reprovado, estou cancelado. O que vou ter que fazer?", foi o que pensei, mas, em seguida, fiz o que sempre costumo fazer para quem já veio de uma longa escola de cancelamento: fiz do limão uma limonada.

Comecei a fazer o que ninguém fez, comecei a falar do programa com ele ainda rolando, contando as coisas que estavam acontecendo, reprovando algumas atitudes, indo a programas de outras emissoras. Dessa forma, fiquei sendo assunto por um bom tempo ainda ao longo da edição, em páginas de fofocas, sites, jornais e televisão.

Em resumo, minha estadia na casa mais vigiada do país foi um divisor de águas, e passei a aproveitar o máximo possível de tudo o que aconteceu comigo. Consegui mudar a opinião de várias pessoas em virtude do meu posicionamento e, hoje, sou uma pessoa relevante. Sei o que posso falar para um site de fofoca, por exemplo, para que eu seja publicado. Hoje tenho voz, coisa que antes eu não tinha, porque eu falava, mas estava em um aquário. Entendi que no meu estado eu era um peixe muito grande, era um tubarão, e quando finalmente estourei esse aquário, me tornei um peixe comum no meio de tubarões, com peixes do meu tamanho, outros menores – enfim, fui para o mar aberto. Agora, vivo no mar aberto que é o Brasil.

E há partes do mundo em que as pessoas me conhecem. Isso não é ruim, é bom; só é preciso trabalhar com essa nova realidade, e é o que estou fazendo. Estou aproveitando essa oportunidade até hoje.

Para chegar a ser coroado como "Rei do Cancelamento", eu diria que não foram apenas os recortes, pois nessa fase o meu passado de fato me condenou. Coisas que fiz dois, três anos antes, e das quais não me orgulho, pois foram piadas de mau gosto e impensadas, atitudes das quais posteriormente me retratei, por entender que havia me excedido e que não representavam quem verdadeiramente sou, vieram à tona assim que pisei na casa mais vigiada do Brasil.

Foi a partir daí que comecei a entender a real dinâmica do jogo. Em tese, tudo o que você fez de bom ou ruim antes de chegar lá é zerado; se você é famoso ou não, isso não importa, porque lá todos se tornam iguais, pois existe um público específico que é atingido pelas coisas que acontecem lá dentro. Mas no meu caso, eu diria que meus erros do passado foram somados aos erros que cometi em minha participação, e foi assim que as coisas começaram a mudar completamente para mim.

Acontece que eu estava em um grupo no qual fiquei muito mal posicionado. Eu era um cara bem-intencionado, sempre fui, e deixei isso bem claro com algumas atitudes e posicionamentos. No entanto, nunca estamos 100% bem. Para começar, já chegamos na casa depois de passar dias confinados em um quarto de hotel, olhando para as paredes. Todos os participantes ficam com os nervos à flor da pele. Além disso, temos muito aquele sentimento de que ali é a oportunidade da vida, então quem participa fica naquela ânsia de ser reconhecido, de se mostrar para as pessoas saberem quem ele é. A gente acaba querendo mostrar o que tem no coração, no que a gente é bom, o que sabemos fazer. Há muita coisa para botar para fora, mas pouco tempo para isso. Assim, a ansiedade aumenta, aquele nervosismo toma conta e isso atrapalha.

Como se não bastasse toda a pressão, eu estava posicionado em um grupo completamente rejeitado do lado de fora. E eu, desse grupo, fui o primeiro a enfrentar a eliminação. Porém, como eu fui o primeiro a sair, não houve tempo de baixar a poeira, assim como meus colegas de confinamento tiveram tempo de fazer quando encararam a eliminação.

QUEM NÃO É NEGRO NUNCA ENTENDE; ACHA QUE É MANIA DE PERSEGUIÇÃO, QUE É UMA VIAGEM NOSSA, MAS O FATO É QUE O RACISMO ESTÁ AÍ.

O fato é que defini uma parada que foi determinante para tudo isso que aconteceu. Como fui o primeiro líder da casa, ao vencer a primeira prova, tive a chance de escolher quem faria parte de dois grupos distintos. Eu não tinha afinidade com ninguém e não conhecia ninguém, pois tinham se passado apenas poucos dias, e naquele momento precisava eleger quem receberia as regalias e quem teria de encarar as dificuldades. A minha escolha então foi separar todos os negros da casa, e óbvio, essa foi a primeira polêmica que causei.

Fui acusado de racismo aqui fora, mas na minha cabeça só passava que pessoas como eu geralmente vivem em dificuldade; ficam anos nela, então por que eu não poderia proporcionar uma experiência melhor para os meus semelhantes agora que tinha a oportunidade de fazer isso? Começaram a argumentar, "Ah, mas se fosse ao contrário, seria racismo", e na lata respondi: "Mas sempre foi ao contrário". Então separei mesmo por agrado, ainda que as pessoas não quisessem aceitar esse fato.

O programa nunca tinha tido tanto negro como na minha edição, e pensei em fazer algo diferente. Falei: "Vamos lá! Esse LUGAR é nosso!". Muita gente criticou e ficou contra nas redes sociais; em contrapartida, muitas pessoas militantes do movimento negro e artistas ficaram a meu favor e postaram mensagens a respeito da importância disso. Foi a primeira parada que aconteceu.

Logo fomos ficando conhecidos como o grupão do mal, como o "gabinete do ódio", e só havia negros no nosso grupo. Quem não é negro nunca entende; acha que é mania de perseguição, que é uma viagem nossa, mas o fato é que o racismo está aí, e sabe por quê? Porque houve muitos outros casos que vi e ouvi falar e que foram muito piores do que as besteiras que fiz e falei, e que simplesmente não deram em nada. Em muitas situações, ouço a justificativa: "O cara estava só brincando, não teve a intenção de fazer o mal". Agora, quando eu errei, fui visto como um vilão.

Inicialmente, a minha estratégia no jogo era levar o Dilson, porque a galera que me conhece e me segue sabe apenas quem é o Nego Di, o cara que fala besteiras e faz zoeiras. Como sei que tenho muito mais a agregar para as pessoas do que apenas provocar risadas – tenho o meu lado músico, o meu lado empreendedor, criador de ideias, pai, filho –, sei que sou uma pessoa que já fez muita coisa, e dentre elas várias legais e das quais muita gente nunca soube, como resgatar animais de rua. Eu tinha muito mais coisas para mostrar ao público, mas não consegui.

Essa foi uma das situações que mais me deixou chateado quando saí; além de não ter tido a oportunidade de fazer o Brasil me conhecer, os participantes precisam lidar com o pouco tempo de transmissão em canal aberto, e muitos ao mesmo tempo, disputando a atenção do público.

Quando saí da casa, eu precisava fazer com que as pessoas entendessem que eu estava sendo julgado de forma injusta, quando na verdade, muita coisa que falei acabou sendo distorcida por ter sido tirada de contexto. Fiquei bastante surpreso e pensava: "Cara, que absurdo! O que foi que aconteceu?".

"UMA MENTIRA DITA MUITAS VEZES É ALGO QUE PODE SE TORNAR VERDADE. AGORA, UMA MENTIRA DITA EM UM CANHÃO DAQUELES COM CERTEZA VAI SE TORNAR VERDADE."

Logo após a minha saída, tive a oportunidade de conversar com um amigo que é artista e um cara muito inteligente. Ele me disse algo que nunca vou esquecer: "Negão, vou te falar uma coisa, uma mentira dita muitas vezes é algo que pode se tornar verdade. Agora, uma mentira dita em um canhão daqueles com certeza vai se tornar verdade. Só que tem uma coisa: tu é o detentor da verdade, cara, então tu não pode te calar. Porque se tu te calar, tu vai ser conivente com tudo o que estão falando de ti".

Isso me fez pensar, porém minha equipe recomendou que eu não falasse nada. Por isso, na época fiquei quieto. Mas, o que ninguém sabe é que eu estava enfrentando uma barra bem pesada, que eram as ameaças que chegavam para minha mãe e meu filho. Todo mundo já estava sabendo do que estava rolando, porque postei um vídeo falando e, finalmente, a galera começou a perceber que havia pegado pesado. A coisa tomou tal proporção que alguns artistas, de certa forma, estavam promovendo um linchamento virtual, incentivando as pessoas a não gostarem de mim. Isso foi muito irresponsável.

Foi assim que abri minhas redes sociais e comecei a gravar vídeos rebatendo críticas em tempo real; chutei o balde e comecei a falar muitas verdades. Depois do desabafo fui dormir, apaguei, e só acordei no outro dia com a notícia de que eu já estava em todos os sites, e o meu empresário enlouquecido me ligando. A partir daí choveram entrevistas, e comecei a ir a tudo quanto é programa em que eu era convidado para falar de todas as polêmicas.

★★★

Para você que está acompanhando a minha história até aqui, já tiro o meu chapéu! Demonstra persistência para chegar até o final da leitura deste livro, e é exatamente sobre isso que acabei de falar neste capítulo. Persistir e, principalmente, não se conformar com um aquário que pode ser pequeno demais para você. Assuma-se como um peixe grande! E se ainda não sabe por onde começar, lá vão mais algumas paradas importantes que você precisa aprender para nadar entre os tubarões em pleno mar aberto.

Persista e, principalmente, não se conforme com um aquário que pode ser pequeno demais para você. Assuma-se como um peixe grande!

SEJA APAIXONADO.

> *Tudo o que tenho realizado na minha vida desde que me conheço por gente, envolve muita paixão. Isso quer dizer que realmente me entrego ao que estou executando e busco sempre o melhor de mim, independentemente da situação. Quando você focar a energia de fato naquilo que realmente quiser realizar e acreditar, será capaz de romper a bolha na qual estiver vivendo.*

CRIATIVIDADE.

Uma vez que você estiver se movimentando de maneira apaixonada pelo que faz, poderá se surpreender com as ideias que começarão a surgir da sua própria cabeça. Não se acomode com o que os outros acham que você deve ou não fazer e confie na sua intuição, que é uma das principais aliadas para produzir as melhores ideias. Ao aprender a entender o que de fato quer, a primeira pessoa que você vai passar a escutar será a si mesmo, e a partir daí criatividade não vai faltar!

NÃO TENHA MEDO DE SER GRANDE.

É possível que você já tenha sentido esse medo; talvez sinta até hoje, mas o que lhe digo é: "encontre seu lugar no mundo". Sempre fui sonhador, nunca me limitei pelas condições em que vivi, nem pelos cancelamentos que sofri, pois tinha a certeza de que poderia ser muito grande. A questão é que, independentemente do aquário que você habita agora, a resposta para se tornar um peixe grande é investir em si mesmo, aprimorar as suas habilidades - sejam elas quais forem - e romper com o medo de mostrar ao mundo a que você veio. No começo da minha carreira, a timidez me impedia de me revelar, mas, assim que compreendi que o passaporte para uma mudança de vida era sair do anonimato, fui em frente, mesmo com medo e sem a certeza de que daria certo. Portanto, arrisque-se, guri!

TIRE PROVEITO ATÉ MESMO DAS ADVERSIDADES.

Se você é brasileiro, comemore, pois 50% das adversidades já estão garantidos aqui! Basta acompanhar as notícias do dia a dia para sentir o drama da vida real... rs.

Mas agora, falando sério, o que posso lhe garantir, depois de ter assumido o posto de "Rei do Cancelamento", é que, independentemente do que de ruim aconteça na sua vida, sempre há uma maneira de enxergar a situação por outro ângulo e, assim, até mesmo encontrar o que pode representar o melhor momento da sua vida. Então se liga, pois os "nãos" que você receber podem se transformar em trampolins para sair de um buraco e ajudá-lo a se tornar uma pessoa ainda mais forte e resistente. Você será um peixe grande!

CAPÍTULO 5

DE 98 LIMÕES A UMA LIMONADA 100%

Quem sente na pele que já nasce cancelado, como eu, percebe, na realidade, que vai enfrentando uma série de cancelamentos ao longo da vida. Muitas vezes, a gente acaba se sentindo expulso de algum lugar, de um grupo de pessoas e, à medida que vai amadurecendo, sente que, além de buscar se encontrar como pessoa, como homem, como profissional, também vai tentando se encaixar em alguns grupos. E, mesmo que a gente se inclua ou entenda que não precisamos nos enquadrar em nenhum lugar, continuamos sendo cancelados de alguma forma.

TÁ, BELEZA, DEU ERRADO; MAS COMO EU POSSO APROVEITAR ISSO?

Então, vamos seguindo com esse sentimento causado pelo cancelamento. Na maioria das vezes, as pessoas responsáveis por isso nem mesmo sabem que, de alguma maneira, estão nos afetando. Elas só estão sendo quem elas são normalmente. Mas, assim como na gente esse sentimento de rejeição é despertado, em outras pessoas pode ser que não, pois cada um tem uma forma de lidar com o cancelamento.

No meu caso, mesmo sentindo tudo isso, sempre optei por tirar proveito de todas as situações ruins que aconteceram na minha vida, sempre tentei olhar assim: "Tá, beleza, deu errado; mas como eu posso aproveitar isso?".

O cancelamento é feito de pessoas empenhadas em fazer com que você não trabalhe mais. Elas tentam *flopar* as suas coisas, ou seja, fazer com que praticamente não vire mais nada de projeto, que você deixe de ser relevante e ainda promovem uma sequência muito grande de ataques na internet. É como se você se transformasse em um *dalit*.[1] O cancelamento o torna "intocável".

Então, quando vi que estavam tentando fazer isso comigo, decidi que não arredaria pé e segui trabalhando normalmente. A partir daí, o desafio foi dobrado, pois a vigilância em cima de mim, na tentativa de arrancar alguma pauta que pudessem comentar, era pesada. Qualquer coisa que eu fazia ou falava já era suficiente para causar um bafafá muito grande, com muitas pessoas comentando, principalmente nas redes sociais de fofoca. "Ah, o que esse cara quer falar ainda!?", "Vocês não têm que dar ibope para ele!", era o que eu mais pegava de comentário, mas na realidade só estava tocando meu trabalho e na minha própria rede social; não estava indo falar em outro veículo.

SE VOCÊ SEGUE O BAILE, VAI PARA CIMA, TRABALHA, GERA CONTEÚDO E OCUPA A CABEÇA, NENHUM CANCELAMENTO NO MUNDO É CAPAZ DE IMPEDI-LO DE PROSPERAR.

Algumas pessoas com mentalidades adoecidas achavam que eu deveria me calar. Só que o fato de eu não me calar e continuar me posicionando fez com que tudo o que eu falasse continuasse a ter cada vez mais relevância e, para a raiva de muitos, fizesse ainda mais sentido. Esse efeito acabou colaborando para que as pessoas que me criticavam ficassem de mãos atadas, porque, ainda que tentassem

---

1 Dalit é um termo hindu usado na Índia para designar as pessoas consideradas párias dentro do seu sistema de castas (N. E.).

fazer com que eu não trabalhasse mais, o que faço não depende dessa galera. Esse pessoal nunca consumiu meu trabalho, nunca foram meus clientes e nem nada do tipo.

AS PESSOAS NÃO PODEM DECIDIR QUANDO AS OUTRAS TÊM QUE SE CALAR OU NÃO. A INTERNET E O MUNDO PRECISAM SER UMA DEMOCRACIA, ENTÃO, SE EU QUISER FALAR, TAMBÉM TENHO QUE PODER TER VOZ.

Algumas pessoas com mentalidades adoecidas achavam que eu deveria me calar. Só que o fato de eu não me calar, e continuar me posicionando, fez com que tudo o que eu falasse continuasse a ter cada vez mais relevância e, para a raiva de muitos, fizesse ainda mais sentido.

Muita gente que já me acompanhava e consumia meu conteúdo continuou me acompanhando, e outras pessoas passaram a me seguir mesmo após o cancelamento que enfrentei em rede nacional. Como eu sempre quis ser cada vez mais conhecido pelo meu trabalho desde que me conheço por artista, sempre acreditei que precisamos ser vistos. Ao ver as polêmicas com outros artistas e o cancelamento de outras pessoas, cheguei à conclusão de que não existe mídia negativa se a pessoa souber usá-la, a não ser que tenha cometido algo muito sério. Fora isso, não existe mídia negativa. Agora, se a gente se encolhe dentro de um casulo, acaba prejudicado; mas, se você segue o baile, vai para cima, trabalha, gera conteúdo e ocupa a cabeça, nenhum cancelamento no mundo é capaz de impedi-lo de prosperar.

Então, basicamente, é isto: não baixar a cabeça e continuar trabalhando. Sendo produtor de conteúdo, é preciso continuar falando o que se pensa da maneira que acha melhor, impondo-se com personalidade e cuidando para não se esconder, porque, quando fazemos isso, acabamos levando um certo sentimento de satisfação para as pessoas que querem o nosso mal. O ato de se calar muitas vezes pode fazer com que elas se gabem dizendo: "Ah! Viu só!? Consegui! Ele se calou!". Mas isso não é certo, as pessoas não podem decidir quando as outras têm que se calar ou não. A internet e o mundo precisam ser uma democracia, então, se eu quiser falar, também tenho que poder ter voz.

✱✱✱

O cancelamento é potencialmente prejudicial para todos nós, especialmente quando vivemos da internet. Há um adoecimento no mundo virtual, onde vemos com cada vez mais frequência comentários extremamente hostis. Para se ter uma ideia, um simples "A" que você falar pode ser respondido como "É B, seu bosta!", e, a partir disso, virar uma bola de neve de loucura, na qual você não pode ter uma opinião, pois ela pode ser vista como uma ofensa por outra pessoa. É como se não fosse mais possível termos opiniões diferentes e estar tudo bem com isso.

A internet tem se tornado um espaço cada vez mais habitado por crianças, jovens e idosos, ou seja, grupos que são vulneráveis ao efeito manada das redes sociais. O grupo formado por crianças e jovens, por ainda não ter uma visão mais amadurecida da vida, acaba se contaminando pela moda do cancelamento e promove os ataques, muitas vezes, só por querer ficar junto de uma galera; então, vão lá e ofendem outras pessoas também. Eles não pensam que, do outro lado, há uma pessoa com família, e não há pais supervisionando nesse momento.

Já alguns idosos, infelizmente, carregam uma cultura mais antiga e preconceituosa. Há aqueles que acabam sendo até mais radicais, extremistas, e também são aquelas pessoas que, se o cara mandar uma mensagem no aplicativo de texto, qualquer coisa, acreditam e replicam, por falta de informação. Então, as maiores redes sociais hoje em dia viraram uma terra sem lei, com perfis como esses à solta promovendo ondas de cancelamento. E o pior: ainda há artistas e figuras públicas que acabam endossando tudo isso, assim como aconteceu comigo.

É impressionante pensar como até artistas de peso, multimilionários, se dão ao trabalho de fazer certas coisas. Mas o que mais preocupa é que, ainda que as pessoas possam encarar como uma brincadeira, o ser humano está com muita necessidade de ser visto, de aparecer, e qualquer ondinha que surge, essas pessoas querem surfar. Será que isso é saudável e realmente necessário?

Algumas das celebridades que fizeram questão de promover o meu cancelamento na época já contavam com mais de trinta milhões de seguidores em suas redes sociais. Fico pensando até hoje se tinham consciência de que, ao externar sua opinião falando de uma forma negativa sobre mim, na realidade estavam promovendo o meu linchamento. Esse movimento se estendeu para várias pessoas, e o pior de tudo é que essas pessoas também já haviam experimentado o cancelamento antes.

★★★

Mesmo depois que saí do programa, ainda ficou rolando muita coisa sobre mim durante um bom tempo na internet, principalmente porque essa foi uma edição muito diferente das outras temporadas. Chegou em um ponto em que quase me peguei fazendo algo muito perigoso: pedir desculpas pelo que não fiz. Nunca concordei com isso. Já disse aqui que cometi vários erros e acredito que a gente realmente tem que se desculpar quando erra. Contudo, cometemos erros todos os dias; imagine se existisse uma câmera 24 horas vigiando a vida das pessoas, ou um microfone aberto captando tudo o que é falado. Muitas pessoas estariam na cadeia!

Em determinado momento, era tanta pressão que a gente vivia naquela casa, com o mundo inteiro julgando e virando a cara, que senti o baque e comecei: "Cara, desculpa! Desculpa... Desculpa... Desculpa". Pessoas próximas a mim me aconselhavam a me desculpar, pensando no caminho que daria menos trabalho para mim, mas, como também já disse neste livro, nem sempre escuto muito, dependendo da situação. Foi aí que comecei a pensar: "Cara, será que vale tanto a pena assim ter uma porta aberta?".

Cometemos erros todos os dias; imagine se existisse uma câmera 24 horas vigiando a vida das pessoas, ou um microfone aberto captando tudo o que é falado. Muitas pessoas estariam na cadeia.

Eu via as pessoas no Brasil inteiro vendendo uma imagem minha que não era real. Me senti em uma novela; era como se eu fosse um personagem. Isso era muito louco!

Mas acredito que ainda tenho muita coisa boa para contribuir para as outras pessoas, muito mais a oferecer do que uma curta passagem em um reality show. Então, cheguei à conclusão de que, mesmo que deixemos uma porta aberta, nada pode garantir que a gente não fique na geladeira.

Desta experiência, os momentos bons de trocas de ensinamentos entre as pessoas, o companheirismo e os aconselhamentos são o que realmente vou levar comigo, e tenho certeza de que quem me conheceu e viveu isso comigo vai lembrar também.

A GENTE TEM QUE APRENDER QUE, PARA O ESTILINGUE ARREMESSAR UMA PEDRA, PRIMEIRO TEM QUE IR PARA TRÁS PARA ENTÃO CONSEGUIR SE PROJETAR PARA A FRENTE, E VOCÊ TEM QUE PUXAR

AQUELA BORRACHA. E NA VIDA TAMBÉM É ASSIM. ÀS VEZES A GENTE TEM QUE RECUAR UM POUCO, IR PARA TRÁS PARA DEPOIS IR PARA A FRENTE DE NOVO.

Quando as pessoas me perguntam como foi que não me afundei nesse cancelamento, digo que, na realidade, não há uma receita para realizarmos grandes feitos. Já perdi o foco várias vezes, já perdi a mão em algumas coisas, só que o tempo tem sido um dos meus maiores aliados. Quando comecei meu trabalho nas redes sociais, era uma época em que tudo era novo, então a gente tinha que pensar muito no que ia fazer para inovar. Hoje em dia, um influenciador acaba copiando o outro, fazem algumas besteiras que viralizam, às vezes tem gente que vive só de dancinha. Sempre busquei diversificar os conteúdos para que não ficasse cansativo para o público. A gente tem que aprender que, para o estilingue arremessar uma pedra, primeiro tem que ir para trás para então conseguir se projetar para a frente, e você tem que puxar aquela borracha. E na vida também é assim. Às vezes a gente tem que recuar um pouco, ir para trás para depois ir para a frente de novo.

Quando estamos começando, há aquela ânsia de estourar, de ganhar dinheiro, de mudar de vida de uma vez. Vem aquela vontade de que as pessoas conheçam nosso trabalho e só queremos ir para a frente, para a frente, para a frente, e quando a gente vê, dali a pouco tropeça, escorrega, não está indo tanto como estava antes e pode até se desesperar. Nesse momento, acabamos postando, falando ou fazendo uma besteira por impulso.

Muitas vezes postei coisas que, bah, apaguei, me arrependi, fiz piada que não precisava, comentei coisas sobre as quais podia ter ficado quieto. Mas fui aprendendo com o tempo, e hoje em dia há coisas que não falo, há vezes em que não entro na rede social, que vou viver minha vida. Meus negócios físicos, de certa forma, me desprendem da regularidade dos vídeos. A galera que me conhece, já viu meus vídeos e meus conteúdos, gosta do que faço, e quem gosta, gosta; não preciso provar o meu trabalho toda hora.

Em determinado momento, a gente acaba perdendo o foco e a disciplina, porque é normal. Só que não podemos fazer da nossa vida, principalmente no meio artístico, uma bagunça, pois não há estabilidade financeira e nem uma rotina definida. Temos que nos policiar, e uma dica que dou para os meus amigos que estão começando a trabalhar com redes sociais, e que são artistas também, é: "Cara, quando não souber o que postar, quando não souber o que falar, simplesmente não fale. Fique quieto".

Em vez de se desesperar para postar algo todos os dias no mesmo horário e, às vezes, acabar postando alguma merda, e aí se estressar e se queimar com isso, mantenha a calma e siga tranquilo trabalhando. Não é fácil, não é da noite para o dia, não é no nosso tempo, mas manter a calma sempre é o que vai fazer você focar e não perder a mão.

Seguindo a trilha das ideias

Como já contei aqui, sempre quis ter o meu negócio. Depois de crescer no mundo do entretenimento como Nego Di, fazendo shows, publicidades e ganhando a vida assim, fui alcançando a maturidade e percebendo que a carreira artística tem um prazo de validade. Sempre me interessei por conhecer mais de perto outros artistas e analisar suas carreiras, e cheguei à conclusão de que, uma hora, essa carreira acaba - ou porque o cara não quer mais, cansou, ou porque está velho, ou porque aquele segmento no qual ele está inserido vai mudar, ou de repente só diminui. Assim, de qualquer forma, uma hora os rendimentos mudam e passam a diminuir. Então, é preciso aproveitar enquanto há tempo e se organizar financeiramente para realmente construir uma base sólida. Foi nesse momento em que eu entendi que precisava ter meus próprios negócios.

QUANDO A GENTE SEGUE A TRILHA DAS IDEIAS, CONSEGUE DESCANCELAR A VIDA. FOI ASSIM QUE PEGUEI OS 98% DOS LIMÕES QUE RECEBI E FIZ UMA LIMONADA 100%.

O fato de sempre ter trabalhado anunciando produtos, serviços e negócios em geral, e sempre receber um feedback positivo dos donos dos estabelecimentos, que diziam que a minha divulgação havia marcado um antes e um depois para os seus negócios, despertou o meu olhar para novos empreendimentos. Cheguei a analisar até loja de roupas, mas optei por seguir na linha de bares e restaurantes, já inspirado em uma hamburgueria que batizava os lanches com o meu nome, além de sempre ter gostado de comer bem. Juntei tudo isso ao fato de ser um negócio em alta, cujo segmento cresce bastante, então, quando divulguei e a galera comprou muito a ideia, eu já sabia que ia dar certo.

Sempre acreditei naquela história do cavalo encilhado. Ele passa na sua frente, trazendo a oportunidade, e é preciso estar atento para não perder a montaria. Acredito nas ideias que tenho e que executo. Pelo fato de ser um tanto imediatista, assim que tenho a ideia, não gosto muito de esperar, porque, senão, acabo mudando ou tendo a vontade enfraquecida. Gosto de fazer as coisas quando aquela vontade bate forte; aí não erro, parto para cima e já começo a ver o que é preciso para fazer acontecer. Mesmo para aquelas coisas que quero fazer, mas não sei como funcionam, não me intimido, pois conheço alguém que sabe, então já procuro essa pessoa para que ela faça comigo. Quando a gente segue a trilha das ideias, consegue descancelar a vida. Foi assim que peguei os 98% dos limões que recebi e fiz uma limonada 100%, com sabor de volta por cima, ao realizar tantos outros sonhos que se seguiram depois disso, como o lançamento do *Dream Session* e a publicação deste livro.

Sempre acreditei naquela história do cavalo encilhado. Ele passa na sua frente, trazendo a oportunidade, e é preciso estar atento para não perder a montaria.

A vida não é apenas cancelamento. Há muito mais para se deixar no mundo, como uma grande construção de legado, ou seja, aquilo que é para sempre e que, principalmente, vai poder ajudar alguém.

A grande panela da vida

Quem já me acompanha sabe que não preciso fazer militância ou me posicionar politicamente, nem religiosamente, para saber quem sou. Acredito que quem tem uma boa visão, uma boa análise, pode perceber que sempre estou contando, seja em uma piada, seja em uma história nas minhas redes sociais, sobre a minha origem e a minha família. Mostro minha mãe, meu filho, minha esposa, falo um pouco da minha história; querendo ou não, as pessoas acabam se identificando, vendo onde estou hoje. Elas conhecem os meus negócios, sabem aonde consegui chegar, o que tenho conseguido realizar e que é um fato consumado a gigantesca mudança de vida que tive.

Tempos atrás, vi uma galera se queixando nas redes sociais, e o tempo todo dizendo que estava difícil, que a pandemia da COVID-19 tinha deixado tudo pior, e sei que está bem complicado para todo mundo mesmo, seja financeiro ou psicologicamente. Foi nesse momento que acabei falando um pouco mais da minha vida e chamei a atenção geral para que as pessoas não desistissem. É preciso seguir em frente e acreditar, pois é possível sair de situações difíceis, assim como eu saí.

Vejo a nossa vida como se fosse uma grande panela. O tempo todo estamos fazendo alguma receita e, no meu tempo de cozinha de restaurante, aprendi que, quando você vai fazer uma comida, por mais que não tenha a menor ideia do que está querendo fazer ou não tenha muitos ingredientes, se começar a misturar apenas ingredientes bons, o resultado nunca vai ficar ruim. Ele pode ficar até estranho, diferente, novo, mas ruim nunca fica. E trago essa analogia para a vida. Se você sempre tiver boas atitudes, bons pensamentos, se trabalhar, não desejar o mal a ninguém, fizer só coisas boas e for uma pessoa do bem, no final das contas, tudo vai sempre dar certo. Mas é preciso ter cuidado para não desandar a receita.

O maior causador de receitas que dão ruim na vida é um problema que a maioria das pessoas apresenta: o fato de, assim como eu, serem imediatistas. Essa história de querer as coisas para ontem, querer que dê tudo certo no momento em que começamos a fazer algo, já é complicada. Agora, calcule esse desespero todo com a falta de atitude.

Muita gente quer ter as coisas na vida, mas, em contrapartida, não quer fazer nada. Elas não estão dispostas a fazer o que é preciso para alcançar seus objetivos, se é que essa galera os tem. Sou imediatista, sim, mas, se tiver que passar dia e noite acordado trabalhando sem parar, eu passo. Vou atrás, ligo para quem for preciso e, se tiver que investir, vou fazer.

Essa história de querer as coisas para ontem, querer que dê tudo certo no momento em que começamos a fazer algo, já é complicada. Agora, calcule esse desespero todo com a falta de atitude.

A panela da sua vida está aí, então é com você a escolha dos ingredientes e o andamento da receita. Seguindo com persistência, boas atitudes e fazendo realmente o que precisa ser feito, não tem como dar errado, mesmo que leve um tempo para aparecer o resultado.

De vez em quando, escuto pessoas próximas dizendo: "Bah! Mas está difícil, não consigo arrumar emprego". Então respondo: "Tá. Mas você está procurando ou se escondendo do emprego?". E esses são os caras que não têm nem ensino médio, mas já querem ganhar R$ 3 mil, R$ 4 mil por mês e trabalhar apenas de segunda a sexta. Aí não, cara! Aí é difícil mesmo, rs...

Direto recebo mensagens de pessoas pedindo para trabalhar no meu restaurante em Porto Alegre, a Casa Dus Guri. São pedidos de muita gente, de todos os lugares e para diversas funções: motoboy, garçom, limpeza... E, mesmo com tanta gente buscando sustento, há pessoas que ainda colocam empecilhos para sair do sufoco. Não faz muito tempo que uma pessoa próxima veio pedir emprego para o marido. Na onda de fechamento de portas com a pandemia, o cara havia perdido o último emprego e ambos eram pais de duas crianças pequenas. Na hora me dispus a ajudar, falei com o meu sócio e ele conseguiu uma vaga.

Aconteceu que, quando fui falar com o cara, ele arrancou assim: "Meu, ah, beleza, legal, mas tem que ver como vai funcionar, quanto é...". Ele começou a colocar um monte de empecilhos. "Você sabe me dizer quanto é, mais ou menos, para me adiantar? Até para eu não ir até lá e, quando chegar, ver que não vale a pena, e eu ter ido à toa". Como se fosse algo impossível ir "lá", falar com alguém e fazer uma entrevista. "É porque, se eu for lá, não vale a pena. Vou gastar... tem que ver a distância, né? E eu não queria largar o táxi 100%, queria ficar nos dois, quero ver se vou conseguir conciliar."

Enfim, o cara colocou tantas condições que não acreditei. Minha mãe até tentou interceder, falando: "Ajuda eles, coitadinhos, ele é trabalhador". Mas não aguentei: "Porra, mãe! Quando eu estava na correria, lutando, antes de o Nego Di acontecer, eu trabalhava de qualquer coisa que fosse honesta, qualquer coisa que os cara me dissessem 'Meu, tem vaga' e que iam me pagar".

Anteriormente, contei aqui que já trabalhei em dois empregos, e essa condição era constante. Trabalhei em uma lancheria perto da antiga casa em que minha mãe morava. Eu começava às seis da tarde, porque ela só funcionava no período noturno e fechava à meia-noite. Ficávamos até uma e meia, duas da manhã, limpando, então, quando chegava em casa, ia dormir morto, já acordava atrasado no outro dia e vivia na correria; trabalhava de segunda a segunda, com uma folga na terça. Para completar, arrumei outro emprego de dia, no qual ganhava R$ 2 por cada garrafão de água entregue. Enchia a bicicleta com quatro desses garrafões, que era o que cabia, e saía entregando pela vizinhança. Às vezes, encarava prédios sem elevadores, e lá ia eu, com o galão nas costas, entregar no apartamento das pessoas, muitas vezes chegava a me molhar todo, virando o garrafão no suporte. Mas, como eu precisava, trabalhava.

★★★

Lembro que, quando eu e minha mãe estávamos passando por uma merda federal, e eu reclamava da situação, ela me ensinou uma coisa bem simples, mas de que nunca me esqueci: "Dilson, olha para trás, tem gente pior". Como eu ainda era bem pequeno, não entendia direito o que ela queria dizer com aquilo. Fiquei com isso na cabeça desde então e tenho certeza de que vai me acompanhar para sempre. Sempre tem gente em uma situação pior do que a minha, então o caminho é tirar uma lição até das dificuldades, do que aconteceu de ruim na vida, e olhar pelo lado positivo.

Na realidade, muitas pessoas que têm boa saúde se esquecem de que não lhes falta nada; às vezes, têm até as contas pagas por alguém da família e continuam reclamando. Quantas mães de jovens acabam se endividando apenas para comprar roupas e tênis de marca para seus filhos?

Como já disse neste livro, o grande lance está em ter um propósito. O meu primeiro objetivo era ajudar minha mãe, porque não queria que ela ficasse sozinha e com todo o fardo para carregar. Na sequência, passei a pensar no que mais eu queria da vida, porque sabia que não podia ser só aquela situação de aperto pela qual eu passava.

O propósito, aliado à vontade de querer dar certo na vida, me manteve no caminho do bem, me manteve fazendo as coisas corretas e acreditando que uma hora ia funcionar. Além disso, a fé foi outra grande peça-chave na minha história. Sempre acreditei muito em Deus, uma das minhas maiores forças na vida foi acreditar Nele. Respeito todas as religiões e inclusive já conheci diversas, mas sempre me apeguei muito a Deus, a ponto de conversar diretamente com Ele como se fosse o meu melhor amigo: "Deus, não é possível. Se eu estou fazendo tudo certo, sou honesto, sou um cara do bem, estou trabalhando, estou correndo atrás, poxa, uma hora tem que dar, não é possível que não dê".

Acredito que a vida é assim. Uns vão conseguir ir um pouco mais longe, outros nem tanto, mas o que é dar certo, afinal?

PARA MIM, DAR CERTO É QUANDO VOCÊ CONSEGUE VIVER DAQUILO DE QUE GOSTA, DO QUE AMA E DO QUE NASCEU PARA FAZER. QUANDO CONSEGUE VIVER DO QUE SONHOU EM FAZER E CONSEGUE TER PODER DE VOZ, TER UMA HISTÓRIA, CONSTRUIR UMA TRAJETÓRIA E INSPIRAR OUTRAS PESSOAS, SERVINDO DE EXEMPLO E DEIXANDO SUA MARCA NO MUNDO, VOCÊ JÁ DEU CERTO.

O propósito, aliado à vontade de querer dar certo na vida, me manteve no caminho do bem, me manteve fazendo as coisas corretas

e acreditando que uma hora ia funcionar. Além disso, a fé foi outra grande peça-chave na minha história.

★★★

Todos nós estamos sujeitos ao cancelamento. Alguns podem experimentar mais vezes o baque de ter a vida golpeada por ele, mas, como acabei de compartilhar aqui, cancelamento nenhum representa o fim da linha, principalmente quando você está disposto a pegar os limões que recebe da vida e fazer deles aquela limonada top!

Antes de seguir com a parte final dessa minha história, deixo mais alguns pontos bem ao estilo "conselhos do Nego Di", para que você nunca se esqueça de como se descancelar ao longo da vida.

TENHA PROTAGONISMO.

> Ter protagonismo é simplesmente ter atitude e dar os próprios passos na sua vida. De nada vai adiantar se você só quiser e não fizer por onde para alcançar. Cara, você já levantou a bunda do sofá hoje e foi correr atrás do que era preciso para mudar o que você quer na vida? Se a resposta for sim, meus parabéns! Está no caminho certo para deixar de ser um cancelado. Agora, se a resposta for "Cara, ainda estou aqui esticadão no sofá e não fiz isso", você está passando longe do protagonismo que precisa ter para dar certo na vida.

LEMBRE-SE DO ESTILINGUE.

> Quando estamos na trilha do sucesso, muitas vezes a vida será como um estilingue, que precisa voltar para trás a fim de tomar um impulso, para então ser lançado para a frente. Portanto, não desanime se tiver que retroceder alguns passos, pois isso certamente faz parte do processo

de amadurecimento que vai levá-lo aos próximos níveis da sua vida.

FAÇA O SEU JOGO.

Pegando o embalo do protagonismo, fazer o seu jogo é o que definirá como você vai viver não só os próximos anos, mas também a sua vida inteira. Pode ser que neste momento você esteja atravessando a pedreira de um cancelamento no seu relacionamento, no trabalho, ou aí dentro da sua cabeça. Mas, se você sempre lembrar que pode seguir o seu jogo, buscando se aperfeiçoar, não se intimidando com a torcida contrária dos outros, levantando dos tombos e refazendo passos se precisar, uma hora vai dar certo, e o sucesso virá. Siga firme!

CAPÍTULO 6

A VOLTA POR CIMA

A Casa Dus Guri fica localizada no bairro Sarandi, na Zona Norte de Porto Alegre. Tradicionalmente, a região não costuma abrigar grandes restaurantes ou locais de entretenimento mais requintados. Foi uma das regiões em que morei quando criança. Então, quando finalmente pude abrir o meu próprio negócio, não pensei duas vezes e abri a Casa, em sociedade com três amigos, bem no lugar onde muitos torciam o nariz. Eu queria justamente atender a todos os públicos. Além disso, iniciei a construção do restaurante em plena pandemia da COVID-19 e inaugurei em novembro de 2020, mesmo diante de toda a incerteza no mundo.

Nunca parei e sempre busquei enxergar lá na frente, vislumbrando um futuro cada vez melhor, no qual eu pudesse prover o sustento da minha família e ter estabilidade e segurança. Por essa razão, continuei trabalhando como humorista, produtor de conteúdo digital e empresário, sem deixar de aterrissar na casa mais vigiada do Brasil, e tudo isso ao mesmo tempo.

Assim que saí da casa, o que mais ouvi foi que eu estava acabado, que não teria mais chance de dar certo. Isso é algo típico do cancelamento, que pode vir de várias formas e por vários motivos. No meu caso, veio na forma de um reality. Tenho a noção de que não concordo com muito do que rolou por lá, que me julgaram de uma maneira que não foi correta e que também cometi muitos erros. É muito importante fazer a leitura do que erramos quando cometemos falhas, e isso posso dizer que fiz. Hoje vejo que errei quando estive confinado lá, e ainda erro mesmo estando aqui fora, porém já mudei muito o meu comportamento.

O principal é fazermos uma autocrítica, enxergando a nós mesmos de fora da situação, como se fôssemos o outro nos observando. E se fosse outro fazendo o que estou fazendo? E se fosse o outro falando o que estou falando? Será que eu acharia legal? Esse processo se torna muito mais fácil quando julgamos o outro. A própria internet é isso, as pessoas passam a apontar o dedo e a julgar o outro, porém muitas vezes fazem coisas bem piores na vida.

Isso me fez perceber que eu precisava me enxergar, e um caminho que me ajudou muito nessa parte foi a terapia. O processo terapêutico me ajudou a lidar com muitos aspectos, como estresses desnecessários, minha seriedade excessiva e dificuldade de perdoar. As pessoas que conhecem o Nego Di da internet não têm noção de que sou assim e, às vezes, tomam um choque ao me verem totalmente diferente.

Tive que aprender a não levar as coisas tão a ferro e fogo, mas sim na esportiva, e comecei a olhar mais para mim e a me preocupar com coisas de fato relevantes. Consegui superar bastante coisa depois de muitos altos e baixos, e hoje vivo uma das fases mais felizes da minha vida, pois estou construindo a minha família ao lado da minha esposa e dos nossos filhos.

O principal é fazermos uma autocrítica, enxergando a nós mesmos de fora da situação, como se fôssemos o outro nos observando.

Minha esposa foi, inclusive, a pessoa que mais me ajudou a buscar a minha melhor versão. Desde o início do nosso relacionamento, ela demonstrou cumplicidade, muito amor e lealdade. Conseguindo me fazer sorrir, perceber o cara foda que eu sou e sempre fui, e reacendendo também em mim a vontade de ter uma esposa, uma família e mais filhos. Ela foi fundamental nesse processo de evolução.

Quando passei a me enxergar e a perceber o que não dava mais para continuar fazendo, o que precisava mudar, quais pensamentos precisava ter e o que precisava eliminar, finalmente fui me livrando do peso que o status de cancelado tinha sobre mim.

★★★

Toda pessoa é resumida aos seus feitos, e meu último feito expressivo tinha sido a participação no reality show. Se eu não realizasse mais nada, ficaria fadado ao rótulo de cancelado, e não é isso o que eu queria. Comecei, então, a trabalhar para alcançar outros feitos, para que esses, por sua vez, suplantassem o reality. Talvez demore ou talvez nunca se esqueçam do programa, mas sei que essa situação é como um buraco: quanto mais terra você joga, mais vai tampando. Essa minha terra são os meus negócios, as minhas ideias, os meus projetos que vou fazendo em grande escala. Não apenas para superar esse status de cancelado que, hoje, confesso, não me preocupa nem um pouco - mas porque o que realmente me importa é se estou conseguindo viver bem, se estou conseguindo prover conforto para a minha família e se está tudo dando certo. Agora, quanto ao que os outros acham, principalmente quem não gosta de mim, não estou nem aí.

Os feitos acabam servindo também para nos reciclar, principalmente quem vive nesse mundo digital, onde tudo é mais perecível. Ficar famoso é fácil, ainda mais hoje em dia, quando, dependendo do que se faz, já se faz pensando que vai viralizar. Mas construir um negócio, mantê-lo e se superar, é outra história, por isso procuro sempre ter novas ideias.

Há pessoas que, infelizmente, não têm capacidade de aceitar algo para a própria vida. Muitos não conseguem ter a visão de um negócio, mas sempre penso que, se alguém já conseguiu realizar aquilo, é porque tem como fazer, pois esse alguém que conseguiu tem tudo o que eu tenho: um coração batendo e uma cabeça. Então, se existe o caminho, é possível trilhar, só é preciso saber como. Além disso, é preciso estar disposto a pagar o preço, porque, na verdade, o que acontece? Já percebi que as pessoas querem conquistar as coisas, querem ter bens materiais, mas não querem pagar o preço necessário. Querem ganhar o dinheiro, querem ter o carro, viajar, querem até entender por que fulano tem e elas não têm, mas não querem olhar o que fulano faz ou deixa de fazer, o quanto ele se dedica, onde ele deixa de estar ou quanto ele deixa de dormir.

Muitas pessoas acabam presas à inveja e não percebem que aquelas que estão conquistando são as que trabalham, que estudam, que correm atrás; elas só conseguem enxergar os bens materiais dos outros. E o que resta para essas pessoas? Elas têm que ou depreciar ou sentir inveja, torcendo para que algo dê errado com quem está conseguindo alcançar seus objetivos.

A pessoa que se sente incapaz não consegue chegar ao topo, porque ela se colocou nessa posição de incapaz. Em vez de pensar "Como posso chegar lá?" e subir, ela começa a reclamar: "Bah, mas é muito difícil", "Isso é impossível", "Ah, não, não vou conseguir"; então, como essa pessoa vê você indo em frente, mas ela mesma não consegue avançar, ela tenta puxá-lo para baixo para se nivelar a ela. E, se não consegue, ela continua no mesmo lugar, porque acredita que nada vai acontecer, já que, na visão dessa pessoa, isso é o normal.

No meu caso, contudo, nunca me conformei com esse tipo de pensamento, tanto que sempre meti a cara, sem medo de arriscar, por entender que a vida é uma só e que depende apenas de mim aproveitar as oportunidades que aparecem ou até mesmo criá-las, ainda que haja riscos, como algumas vezes já aconteceu.

Sempre meti a cara, sem medo de arriscar, por entender que a vida é uma só e que depende apenas de mim aproveitar as oportunidades que aparecem ou até mesmo criá-las, ainda que haja riscos, como algumas vezes já aconteceu.

Restaurando a casa

Há diferentes tipos de cancelamento; aqueles que desaparecem e aqueles que crescem. Como quase todo mundo, também sofro quando a casa cai, mas esse sofrimento dura um dia, ou até algumas horas, dependendo da situação. Em seguida, me levanto e já falo comigo mesmo: "Tá, o que eu faço agora?".

A minha maneira de me reerguer, em todas as vezes que tomei uma rasteira da vida, em 100% das vezes, na verdade, foi criando coisas novas, me tornando maior e surgindo com grandes coisas.

O passo seguinte foi mudar o foco sobre mim e começar a comentar os assuntos mais em alta no Brasil naquele momento. A política foi a bola da vez, e, bem ao meu estilo, com bastante humor.

> "CARA, NÃO É POSSÍVEL. O QUE SERÁ QUE NÓS VAMOS TER QUE FAZER PARA DERRUBAR ESSE NEGÃO?"

Tinha consciência de que precisava retomar com tudo o meu trabalho nas redes sociais, criando conteúdo novo. Segui incansável, ainda que essa obstinação tenha me levado a mais processos. São tempos em que virou moda processar humoristas, mas não deixei de trabalhar por causa disso.

Dali a pouco, meu número de seguidores passou a crescer novamente e, para dar a volta por cima completa, ainda tinha na manga o anúncio da minha parceria. Quem acompanhava meus passos de fora - que, na realidade, já eram saltos - ficava espantado, e quem torcia contra chegava até a dizer: "Cara, não é possível. O que será que vamos ter que fazer para derrubar esse negão?".

O grande anúncio

A melhor forma de dar a volta por cima é realmente mostrar o resultado de todo o trabalho e esforço feitos para chegar onde você sempre sonhou. Quando contei, no início deste capítulo, que o meu maior sonho era tornar a Casa Dus Guri um verdadeiro complexo, com uma estrutura inédita, agarrei cada oportunidade que foi surgindo no caminho, mesmo com as dificuldades que se seguiram depois. Então, primeiro, aproveitei, junto aos meus sócios, a oportunidade de adquirir o terreno ao lado da Casa, que havia acabado de ficar disponível. Com essa aquisição, dobraríamos o nosso espaço e, consequentemente, a nossa visibilidade.

Em seguida, pouco tempo depois de decidir ampliar o espaço para torná-lo uma franquia, a oportunidade de ouro chegou na forma de um grande ídolo – e quase não consegui acreditar quando aconteceu.

Desde sempre fui fã do Bruxo, e, na ocasião de uma festa de aniversário, conheci seu irmão e empresário, o Assis. Ele logo nos colocou em contato, porque, para o meu assombro, descobri que o Ronaldinho Gaúcho também era fã do meu trabalho! Esse é um daqueles momentos em que a única explicação realmente é Deus, que nos coloca no lugar certo, na hora certa e com as pessoas certas, para que o propósito que tenhamos de cumprir se torne realidade.

A melhor forma de dar a volta por cima é realmente mostrar o resultado de todo o trabalho e esforço feitos para chegar onde você sempre sonhou.

Naquela tarde, contei toda a minha história para o Bruxo – de onde vim, os trabalhos com comédia, o reality, até chegar à Casa Dus Guri, que estava apenas aguardando sócio para estourar de sucesso com a ampliação do projeto. Já me sentia nas nuvens, praticamente, quando ele disse que tinha interesse. E dali em diante, foi questão de poucos dias para acertar todos os termos da nossa sociedade.

"NEGO DI E RONALDINHO GAÚCHO FIRMAM PARCERIA EM NOVO BAR EM PORTO ALEGRE"

Esse foi o grande anúncio que eu estava engasgado para gritar ao mundo inteiro, mas tive de aguardar o momento certo para fazer isso. Quando todos achavam que eu tinha acabado com a minha carreira, com toda a minha vida, lá estava eu, me reerguendo e anunciando com exclusividade que o meu mais novo sócio era ninguém menos do que um dos maiores craques do futebol de todos os tempos: ganhador da Copa do Mundo, da Libertadores, o Melhor do Mundo duas vezes, o Bruxo Ronaldinho Gaúcho!

Esse anúncio não apenas representou a superação de uma das fases mais sombrias pelas quais passei, mas também provou de que somos capazes de resgatar nossas forças, mesmo quando parece que não há chances de sobreviver dos escombros depois que a casa cai. Seguindo então as dicas que estou reunindo neste livro para te ajudar, já salve essas aí no celular, na carteira, na cabeça - só não as esqueça, porque elas o farão dar a volta por cima!

SEJA CAUTELOSO.

> *Muitas vezes, pela pressa de querermos chegar logo ao pódio, podemos nos precipitar em nossas escolhas e acabar entrando em frias que nos custarão a paz. Claro que é natural ficarmos empolgados com uma novidade promissora, mas se há algo que aprendemos com os tombos da vida, é que nem tudo nos convém, ainda que seja possível realizar. Então, se você estiver prestes a montar seu negócio, fechar uma parceria ou executar um plano que prometa mudar todo o seu jogo, analise primeiro com cuidado a natureza do negócio, consulte especialistas e se proteja de todas as maneiras legais antes de dar o próximo passo.*

REPARE OS DANOS.

Toda vez que a gente se arrisca, há uma chance de errar, porque faz parte do processo. Mas, quando isso acontecer, nunca deixe de reparar qualquer dano que você tiver causado a alguém, mesmo que não tenha tido a intenção de prejudicar. O nosso crescimento precisa ser fundamentado na honestidade, para que seja duradouro. Então, se der alguma cabeçada, reconheça o que fez, peça desculpas e busque todas as formas possíveis de compensar o que aconteceu, porque, quando menos esperar, você será de alguma maneira recompensado de volta.

CONSTRUA UMA NOVA CASA.

Uma coisa é certa: um dia a casa cai para todo mundo que está buscando ser alguém na vida e conquistar seu espaço. Ela vai começar a balançar, rachar, cair aos pedaços, até vir abaixo de vez, porque também faz parte das mudanças pelas quais temos de passar para evoluir. Quando isso acontecer, porém, não adianta sair desesperado, cometendo um fiasco atrás do outro, como um perdido. Nessa hora, é preciso levantar-se dos escombros, acalmar-se e colocar os pensamentos para jogo. O que você pode fazer diferente do que vem fazendo? Em vez de se lamentar para sempre que a casa caiu, siga em frente e construa uma nova casa para você; ela pode ser qualquer projeto novo, um emprego novo, um relacionamento novo - tudo diferente e maior para fazê-lo lembrar que, mesmo quando a casa cai, podemos nos levantar e construir uma nova, com alicerces ainda mais fortes.

CAPÍTULO 7

O RENASCIMENTO

Eu realmente quis acreditar que tudo seguiria na calmaria depois que o novo Complexo da Casa Dus Guri foi inaugurado. Trabalhei sem parar na reconstrução da minha imagem na internet e, por um tempo, senti uma trégua, pois as notícias em todos os portais começaram a diminuir. Finalmente, o foco do público começou a mudar.

Contudo, eu estava quebrado financeiramente. A sensação de fundo do poço chegou, pois quebrei mesmo com sete milhões de seguidores nas redes sociais. Milhões de pessoas me seguiam, mas eu me escondia do mundo, com vergonha de sair na rua e ser reconhecido.

Vendi meu carro de luxo, zerei o pouco que tinha e a Casa Dus Guri seguiu graças aos meus sócios. Não queria sair de casa, parei de cortar o cabelo, me abandonei. Não tinha vontade de mais nada, me sentia culpado e incapaz. E, nessa hora, se não fosse a minha companheira, que mais uma vez se mostrou leal e incansável ao cuidar de mim em um momento conturbado, não sei se estaria aqui. Recebi apoio e até ajuda financeira da minha esposa, que muitos diziam estar comigo apenas por interesse.

Quebrei com sete milhões de seguidores, e é muito difícil quebrar assim. A mais nova volta por cima estava prestes a acontecer, só que de uma maneira como jamais havia imaginado, pois dessa vez eu iria renascer.

✱✱✱

Chegou em um ponto em que eu estava tão recluso dentro de casa que o meu sócio da Casa Dus Guri e amigo de infância, Mateus (que também foi fundamental para que eu superasse esse momento), comprou a briga para ele e disse que, se eu morresse, ele iria junto! Ele é um irmão que a vida me deu. Certo dia, ele foi me visitar e me fez um convite para ir a um culto da igreja que ele frequentava. Como já contei aqui, sempre acreditei muito em Deus, respeito todas as religiões, mas nunca tinha participado ativamente de nenhuma igreja, pois entendia que sempre caminhava com fé e recorria a ela para tudo o que eu fazia. Mas a diferença é que eu não estava tendo um verdadeiro relacionamento com Deus.

O sentimento que eu carregava como um verdadeiro fardo nas costas era de humilhação, tristeza e muita frustração por ter realizado tanto e depois ter despencado do topo. Era um desespero ver que eu tinha perdido tudo e não tinha mais perspectivas de um futuro. Então, foi assim que cheguei, naquele setembro de 2022, à igreja pela primeira vez, escondido por baixo do agasalho com capuz e uma máscara facial, mesmo depois que a obrigatoriedade do uso de máscara em locais públicos já havia deixado de existir. Eu estava querendo me proteger a todo custo, com medo de tudo e de todos.

"É NO MOMENTO DO DESERTO QUE A GENTE TESTA A NOSSA FÉ."

Você já teve a experiência de chegar em uma igreja e sentir que a pregação foi feita exatamente para você? Pois foi isso o que aconteceu comigo. Arrepiei-me com cada palavra que o pastor dizia, pois parecia um recado diretamente de Deus para mim. Nunca vou me esquecer de quando escutei, ao final do culto, a seguinte frase: "É no momento do deserto que a gente testa a nossa fé".

Todo o dinheiro que eu tinha na vida naquele momento eram apenas cinco notas de R$ 100, porque, se deixasse na conta do banco, seria automaticamente debitado. A minha pensão estava para vencer, e a falta de pagamento poderia me render uma prisão, mas, ainda assim, segui para a tesouraria da igreja e fiz uma oferta. Para dizer bem a verdade, aquela nota de cem quase não saiu da minha mão, pois eu já me via sem nada. Porém, foi ali que fiz um propósito com Deus e entreguei tudo em Suas mãos, dizendo: "Deus, me ajuda a sair dessa! Eu não tenho mais nada, foi só isso que me restou, e eu já não sei mais o que fazer, mas o Senhor sabe de tudo, então me salva!".

O SENTIMENTO QUE EU CARREGAVA COMO UM VERDADEIRO FARDO NAS COSTAS ERA DE HUMILHAÇÃO, TRISTEZA E MUITA FRUSTRAÇÃO POR TER REALIZADO TANTO E DEPOIS TER DESPENCADO DO TOPO. ERA UM DESESPERO VER QUE EU TINHA PERDIDO TUDO E NÃO TINHA MAIS PERSPECTIVAS DE UM FUTURO.

Lembro como se fosse hoje, essa minha oração foi por volta das 16h30, e, no mesmo dia, às seis da tarde, meu telefone tocou. Do outro lado da linha estava um amigo meu, que trabalhava em uma agência, me dizendo que tinha uma oportunidade para mim e que, se eu tivesse interesse, precisava me encontrar com ele no dia seguinte para saber mais detalhes. Nem sequer dormi, pois quem está desesperado corre atrás de tudo o que pode salvar no momento do aperto.

Eu havia perdido todo o meu dinheiro, mas ainda tinha seguidores e a capacidade de influenciar pessoas. Foi assim que me reergui. Comecei a fazer *publis* para diversas marcas e, como resultado desse trabalho, reconquistei parte do meu patrimônio.

Quando conto essa história, fico impactado com a rapidez e o poder do agir de Deus em minha vida, porque, daquele momento em diante, nunca mais deixei de ter prosperidade. Passei a faturar com meus trabalhos e mais marcas começaram a surgir. Foi assim que passei do status de "quebrado" a um novo homem e, pela primeira vez, pude curtir uma viagem internacional.

Parti para Punta Cana como uma forma de comemorar e também refletir sobre tudo o que havia acontecido em minha vida, pois ainda estava processando essa volta por cima que superou tudo pelo o que eu já havia passado até então.

Hoje, ao ver tudo o que passei, penso: eu quase desisti! É difícil não pensar em largar tudo quando você se vê falido, sem esperanças, acreditando que está sozinho. Mas a verdade é que nunca estamos sozinhos. Assim como muitas pessoas, tive que chegar ao fundo do poço para entender isso. E quando a gente leva esse aprendizado para a vida, nunca mais deixa de dar a volta por cima toda vez que for preciso.

DEUS OLHA PELA GENTE O TEMPO TODO E QUER NOS AJUDAR, MAS PRECISAMOS BUSCÁ-LO SEMPRE.

Poucos meses depois, lancei o projeto NegoDiAtitudi, ação social voltada para proporcionar experiências para as crianças, abrindo uma vez por mês a Casa Dus Guri para oferecer lanches e horas de diversão nos brinquedos do espaço kids da casa, além de promover passeios turísticos para as crianças cujas realidades as impedem de ter momentos como esse. A ideia é mostrar a elas que podem fazer o que quiserem quando crescerem, desde que sejam apresentadas a novas possibilidades.

Ainda no projeto, vários profissionais que muitas vezes não são valorizados estão sendo entrevistados para entendermos como podemos ajudar. Em vez de sair doando dinheiro aleatoriamente na rua ou em bares, como alguns milionários já fizeram por aí, meu olhar está voltado para quem realmente faz a diferença, ou seja, esses muitos trabalhadores que, de sol a sol, ninguém enxerga.

Tenho doado o meu tempo e a minha experiência para ajudar outras pessoas a chegarem onde elas querem, assim como eu consegui. Muitas me procuram surpresas, perguntando o que fiz para alcançar os resultados que tenho hoje, mesmo depois de tanto cancelamento, polêmicas e até falência. Em minha mais recente mentoria, chamada "Gestão de Crise", tenho orientado empresários e figuras públicas a mudarem suas histórias e também darem a volta por cima.

PRECISAMOS ENXERGAR ONDE ESTÁ O NOSSO LUGAR NO ESPAÇO.

Ao lado da minha esposa, que também foi fundamental nessa minha mais recente volta por cima, tenho me dedicado a construir nossa família. Juntos, estamos implantando novos negócios, como o Musas Space (boutique estética), um restaurante de outra rede na cidade de Gramado, alguns imóveis, um hotel famoso na Serra Gaúcha e, recentemente, comecei a investir em outros artistas da música e da comédia. E assim sigo criando e inventando sempre uma novidade, pois, como já disse em outras passagens deste livro, sempre busquei ter novas ideias para mudar a minha realidade.

TENHO DOADO O MEU TEMPO E A MINHA EXPERIÊNCIA PARA AJUDAR OUTRAS PESSOAS A CHEGAREM ONDE ELAS QUEREM, ASSIM COMO EU CONSEGUI. MUITAS ME PROCURAM SURPRESAS, PERGUNTANDO O QUE FIZ PARA ALCANÇAR OS RESULTADOS QUE TENHO HOJE, MESMO DEPOIS DE TANTO CANCELAMENTO, POLÊMICAS E ATÉ FALÊNCIA.

★★★

A maior mensagem que quero deixar neste livro é que, para tudo, sempre há um jeito Para realmente tudo, há uma solução. Quantas vezes você já não se sentiu dando um passo para frente e três para trás? Eu mesmo estive assim há pouco tempo, como você acabou de ver, mas a boa notícia é que nunca mais ficaremos assim se aprendermos a principal lição do sucesso na vida, que é cuidar do tripé do sucesso:

1. Corpo;
2. Mente;
3. Espírito.

Você já deve ter ouvido falar desse tripé, assim como eu também já tinha escutado, mas o que muitas vezes falta na nossa vida é apenas um ajuste fino para manter essas três partes funcionando, a fim de termos prosperidade. Houve épocas, por exemplo, em que eu estava cuidando apenas do físico, na academia e com dieta, ou da mente, na terapia com a psicóloga, mas o meu relacionamento com Deus estava sendo deixado de lado. Então, mesmo cuidando de uma ou outra ponta, esse tripé nunca se sustentava na minha vida, porque eu ainda não enxergava que eles precisam um do outro para se apoiar e nos manter de pé.

Cara, se você não cuida do seu corpo, como vai ter disposição para fazer seus corres, aproveitar a sua vida, brincar com seus filhos? O mesmo serve para a mente: se você tratá-la como um depósito de entulho, ela não vai deixar espaço para você ter ideias criativas e pensar em soluções. É por isso que até hoje faço terapia, para dar aquele talento na mente e nas emoções, mantendo tudo no lugar para eu seguir focado e me sentindo bem sempre. Agora, o nosso lado espiritual é uma parada tão forte que é capaz de mudar tudo.

Não tem como chegar nessa vida achando que é somente isso aqui que a gente vê e acabou. Cuidar do nosso espírito é um dos maiores segredos do sucesso, porque realmente podemos fazer tudo Naquele que nos fortalece. Desde setembro de 2022, nunca mais passei uma semana sem estar na igreja e manter meu relacionamento vivo com Deus, e é impressionante que, até hoje, cada culto ainda parece que foi feito para mim. Se você ainda não viveu uma experiência dessa, incentivo a ir hoje mesmo, onde quer que você esteja, e buscar se conectar com Ele, que é o único que sempre o colocará no caminho certo.

Encerro o capítulo final deste livro, que foi um dos projetos mais importantes da minha vida, trazendo o que realmente foi determinante para a minha volta por cima. Dessa maneira, espero que também o ajude a realizar o mesmo quando precisar e, acima de tudo, desejar mudar a sua história.

SEJA FORTE.

> *Construímos diariamente a nossa força quando passamos a enxergar quem somos e nos tornamos atentos ao nosso corpo e às necessidades que ele apresenta. Exercício físico e alimentação adequada não são opcionais, são obrigatórios. Então, se você realmente quer mudar sua vida, tenha em mente que a sua saúde precisa estar em primeiro plano sempre. A força física lhe proporcionará sensação de bem-estar, disposição e ânimo para pensar e agir em busca dos seus objetivos.*

SEJA CORAJOSO.

> *Ser corajoso não é ser o valentão da escola, mas ser o cara ou a mulher que não tem medo de cuidar da própria mente e que vai em busca de se conhecer para ser alguém na vida. O cuidado com a mente é para os corajosos, porque é nessa hora que não há para onde correr; nesse jogo que acontece dentro da sua cabeça, é você com você mesmo. Para passar pelas fases do jogo da vida do lado de fora, primeiro você precisa*

ter coragem de jogar e zerar todas as fases do lado de dentro, ou seja, na sua própria mente, pois não há sucesso se não soubermos lidar com nossos pensamentos e nossas emoções.

VENÇA O MUNDO.

Dar a volta por cima é sinônimo de vencer o mundo, e vencer o mundo é sinônimo de "fé". Todos nós somos dotados da capacidade de ter fé, mas o que determina o nosso sucesso não é apenas acreditar, mas também nos deixarmos ser guiados pelo Espírito. Vencer o mundo significa vencer as batalhas diárias, os golpes que levamos, as adversidades que temos de encarar, e não há maneira mais poderosa e 100% eficaz de fazer isso do que estando com a espiritualidade em dia. Quando ficamos ligados nisso, entendemos que jamais estaremos sozinhos e que, a nossa força, que liga as duas outras pontas do tripé, vem da fonte que originou todo o Universo. Então, se você acorda e finalmente compreende essa parada, nada nem ninguém vai impedi-lo de vencer o mundo e conquistar seu espaço nele.

VOLTA POR $IMA

Muitos tentaram dizer que eu não sou bom,
Muitos tentando fazer eu não chegar,
Poucos foram os que me estenderam a mão,
Sigo firme e peço a Deus pra abençoar.
Tentaram me colocar como vilão,
A ponto de fazer minha mãe chorar,
Mas Deus foi o cara que me deu o dom,
E olhou por mim pra vida melhorar.
De baixo pra cima nós vai vencer,

De cima pra baixo tu vai sentar,
Favela no topo,
Já aconteceu,
Preto com grana,
Se acostuma.
Sabe que eu sou assim,
Preto chique e arrumado,
Pagando tudo à vista,
Eu me sinto abençoado.
Vou ter que tomar Dramin,
Hoje o pai está enjoado,
5 milha no Instagram,
E com o cachê dobrado.
Gosta de falar de mim,
Diz que eu sou cancelado,
Sou sócio do Ronaldinho,
Rolê de Porsche blindado.
Gosto de fazer dinheiro,
Tenho a mais gata do lado,
Vivo a vida sem receio,
Sou artista e empresário.

Nota do Autor

Este livro foi escrito em 2022, antes que alguns eventos pessoais e profissionais da minha vida se tornassem públicos.

Atualmente, estou trabalhando no meu segundo livro, onde compartilho os acontecimentos mais recentes e polêmicos nos quais estive envolvido.